Anonymous

Beschreibender Catalog des K. Grünen Gewölbes zu Dresden

Anonymous

Beschreibender Catalog des K. Grünen Gewölbes zu Dresden

ISBN/EAN: 9783744699150

Hergestellt in Europa, USA, Kanada, Australien, Japan

Cover: Foto ©ninafisch / pixelio.de

Weitere Bücher finden Sie auf **www.hansebooks.com**

BESCHREIBENDER
CATALOG

DES

K. GRÜNEN GEWÖLBES

ZU DRESDEN.

Von Hofrath Dr. J. G. TH. GRAESSE,

DIRECTOR DES GRÜNEN GEWÖLBES.

DRESDEN, 1872.

Druck von C. Grumbach in Leipzig.

ORREDE.

Die Schatzkammer des fächfifchen Fürften-
haufes (Albertinifcher Linie) hat unter dem Namen
des Grünen Gewölbes eine Weltberühmtheit er-
langt, die felbft die mit Recht bewunderte Wiener Schatzkammer niemals erreicht hat. Die Be-
zeichnung »Grünes Gewölbe«, welche diefelbe in
einem alten Inventarium von 1610 bereits führt
und die dann in fpätern Canzleiacten des Säch-
fifchen Hofes noch öfter vorkommt, mag urfprünglich von der grünen Farbe des Locals, wo fie fich
befand, herftammen und ift aus einem Volks-
namen im Laufe der Zeit zu einem offiziellen
geworden. Ihre Entftehung reicht jedenfalls bis
auf die Zeit der erften Churfürften des jetzt regie-

renden Haufes Sachfens hinauf und ficher ift es,
dafs bereits unter Herzog Georg dem Bärtigen
(† 1539), der mit Barbara, Tochter König Kafi-
mir's von Polen, vermählt war, der erfte Stamm
deffelben, beftehend aus koftbaren Halsbändern,
Kreuzen aus Rubinen und Diamanten, goldnen
Ringen, Ketten etc. exiftirte. Unter Churfürft
Moritz vermehrte fich der Schatz befonders durch
eine grofse Anzahl prachtvoller goldner und filber-
ner Tafelgeräthfchaften, allein als derjenige, welcher dem Grünen Gewölbe zuerft eine gröfsere
Ausdehnung verlieh, ift ohne Zweifel Churfürft
Auguft (1553—86), der Bruder und Nachfolger
des Churfürften Moritz zu betrachten. Derfelbe foll
über feiner Wohnung im Schloffe 1560 eine Kunftkammer, Regalwerk genannt, gegründet haben,
und mehrere der in derfelben fonft vorhanden gewefenen Uhren, Natur- · und Kunftfeltenheiten
finden wir noch jetzt im Grünen Gewölbe wieder.
Allein feine eigentliche Schatzkammer befand fich
damals fchon in dem jetzigen Locale des Grünen
Gewölbes, früher auch Silberkammer genannt, und
wahrfcheinlich war fie in dem jetzigen fogenannten Silberzimmer, zu dem von oben herab ge-
heime Treppen geführt haben, aufgeftellt. Diefer
Ort wurde gleichzeitig zur Aufbewahrung wichtiger Urkunden gebraucht und häufig wurden da-

mals fchon Gegenftände aus der Kunftkammer hierher und umgekehrt in diefe andere aus dem Grünen
Gewölbe gefchafft. Churfürft Auguft fcheint auch
den gröfsten Theil der im Grünen Gewölbe noch
heute aufbewahrten Schmuckfachen (freilich in
anderer Faffung) hierher gebracht zu haben.
Viele mag er von feinen Vorfahren ererbt haben,
mehrere laffen fich noch heute als einft zur Mit-
gift feiner jetzt noch im ganzen Lande Sachfen
in ihrem Andenken verehrten Gemahlin, der Churfürftin Anna, einer Tochter Königs Chriftian III. v.
Dänemark gehörig, nachweifen, allein fehr viele
andere vom höchften Werthe fcheint er käuflich erworben zu haben, und weil das Zufammenbringen
einer fo grofsen Anzahl koftbarer Gegenftände in
einem im Ganzen doch ziemlich kurzen Zeitraum
allerdings nicht recht erklärlich fcheint, fo hat
diefer Umftand die Sage unterftützt, dafs Churfürft
Auguft nicht blos felbft Gold zu machen verftan-
den habe[1], fondern folches auch durch einige
feiner Adepten, wie Beuther und Schwertzer, in

[1] Er fagt felbft in einem Briefe an den italienifchen Al-
chemiften Francesco Forenfe: „So weit bin ich nun in der
Sache gekommen, dafs ich aus acht Unzen Silber drei Unzen
gutes Gold täglich machen kann." S. Boehme, De Augufti Sax.
Ducis in literar. et artium studia amore. Lipf. 1764. in 4. p. 20.

grofsen Maffen erhalten habe [1]. Trotz allen diefen Ausgaben für koftbare und curiofe Gegenftände hinterliefs der Churfürft nämlich bei feinem
Tode (11. Febr. 1586) noch einen baaren Schatz
von 17 Millionen Reichsthalern, eine für jene Zeit
wahrhaft unerhörte Summe. Auch feine Nachfolger, die Churfürften Chriftian I. († 25. Sept. 1591) und Chriftian II. († 1611)
trugen zur Erhaltung und Pflege des Grünen Gewölbes bei, allein mehr noch that für daffelbe
Churfürft Johann Georg I. (1611—56). Denn obwohl es feftfteht, dafs derfelbe mit Unrecht be-
fchuldigt worden ift [2], er habe, als er im Jahre
1631 in Prag als Feind eingezogen war, einen
grofsen Theil von Kaifer [3] Rudolphs II. Kunftkammer von da nach Dresden bringen laffen, fo
weifs man auf der andern Seite doch auch, dafs
er aufser einer Menge Achate und Jaspife für

---

[1] S. Kunkel Laboratorium Kap. 41. S. 568. 586 etc.
Schmieder, Gefch. der Alchemie. Halle 1832. S. 311 etc.
[2] Von J. M. Schottky, Prag, wie es war etc. Prag 1830.
S. 56.
[3] Die zahlreichen im Grünen Gewölbe vorhandenen Gegenftände aus dem frühern Befitz Kaifer Rudolphs II. find bei
deffen Lebzeiten als Gefchenke oder Taufchartikel ins Grüne
Gewölbe gelangt.

2300 Gulden Elfenbeinarbeiten ins Grüne Gewölbe brachte und aufserdem in feinem Teftamente feinem Nachfolger die Vermehrung deffelben zur Pflicht machte. Dies gefchah auch mit befonderem Eifer und Erfolg durch den prachtliebenden Churfürften Johann Georg II. (1656—80), denn das Grüne Gewölbe verdankt feiner Munificenz verfchiedene koftbare Gefäfse, Uhren, Perlengegenftände etc., ja er liefs den damaligen Infpector der Kunftkammer, Oberftlieutenant von Klengel, von 1661—68 fogar eine Kunftreife in Italien machen, von welcher fich ebenfalls verfchiedene Mofaiken und Kunftfachen des Grünen Gewölbes herfchreiben mögen. Seinem kriegerifchen Nachfolger, Churfürft Johann Georg III. (1680—91) verdankt das Grüne Gewölbe einige koftbare Waffen, welche bei dem Entfatze von Wien 1683 erbeutet wurden, allein feine jetzige glänzende Einrichtung ift allein das Werk Auguft's des Starken (1697—1733), des Churfürften von Sachfen und Königs von Polen. Nachdem nämlich eine im Jahre 1701 in der Nähe der Kunftkammer im Schloffe ausgebrochene Feuersbrunft es nöthig gemacht hatte, diefelbe fchnell zu räumen und die koftbarften Stücke derfelben im feuerfeften Erdgefchoffe ficher unterzubringen, fo benutzte diefer kunftfinnige und kunftverftändige Fürft diefe

Gelegenheit, feine Sammlungen fyftematifch fich-
ten und ordnen zu laffen, und ob er gleich
Vieles wieder der Kunftkammer zurückgab, fo
machten doch die zahlreichen neuern Erwerbungen und Einverleibungen die Erweiterung des
bisherigen Grünen Gewölbes nothwendig, und
mehrere an daffelbe angrenzende Räume, die früher
zu Küchen benutzt worden waren, wurden auf
Koften der Privatfchatulle des Königs von 1721—
1724 in ihrer gegenwärtigen Geftalt für diefen
Zweck hergerichtet. Hierbei mögen ihm im Allgemeinen wohl die Schöpfungen des prachtliebenden Ludwigs XIV. von Frankreich als Mufter
vorgefchwebt haben, allein der bis jetzt noch
nicht übertroffene Gefchmack, womit in der de-
corativen Ausfchmückung des Grünen Gewölbes
und bei der Aufftellung der zu demfelben gehörigen Gegenftände Kunft und Pracht fo mit
einander verknüpft find, dafs die erftere nicht
durch die letztere beeinträchtigt wird, ift lediglich das Verdienft Augufts des Starken, wie fich
aus den noch zum Theil vorhandenen, eigenhän-
dig von ihm niedergefchriebenen Verordnungen,
die fogar hin und wieder von Warfchau aus da-
tiren und feine unausgefetzte Sorge um das Grüne
Gewölbe am Beften documentiren, ergiebt. Uebrigens bereicherte er fpeciell noch das Grüne Ge-

wölbe durch die Dinglingerfchen Gold- und Email-
arbeiten, welche heute noch die Bewunderung
aller Befchauer deffelben auf fich ziehen. Unter
ihm ward auch dem gebildeten Publicum zuerft
der Eintritt in das Grüne Gewölbe, freilich an-
fangs noch unter etwas drückenden Bedingungen,
vergönnt. [1]

   Sein Nachfolger Auguft III. mag auch noch
einzelne Juwelen dem Grünen Gewölbe einverleibt
haben, allein die Zeiten des fiebenjährigen Krieges waren ficher nicht dazu angethan, eine Vermehrung deffelben zu ermöglichen, im Gegentheil

---

[1] Ein Hofmedicus des Herzogs von Naffau-Ufingen, der
zu Anfange des 18. Jahrh. in Dresden war, befang das Gr.
Gew. in folgenden Verfen:

   Das Auge fieht fich nimmer fatt,
   Sagt Salomo in feinen Sprüchen,
   Ach, dafs er Dresden nicht gefehen hat!
   Vermuthlich hätt' er diefen Satz
   Geändert, wo nicht ausgeftrichen.
   Hier an dem königlichen Schatz,
   Womit das Grüne Zimmer pranget,
   Sieht fich das Auge völlig fatt,
   Dafs es nichts mehr zu feh'n verlanget.
   . . . .
   Denn das was man in Dresden fchauet
   Und was Auguft vollführt und bauet,
   Sieht man fonft nirgends auf der Welt.

mögen verfchiedene Gegenftände deffelben durch
das mehrmalige Einpacken und Fortbringen auf
den Königftein nicht wenig gelitten haben, wenn
auch vorher wiederum Manches aus dem confis-
cirten Befitzthum der Gräfin Kofel dem Grünen
Gewölbe zugefloffen fein dürfte. Aus der fpätern
Zeit find als neu hinzugekommene Erwerbungen
nur noch einige Stücke aus der Verlaffenfchaft
des Grafen Brühl (1769 für 6000 Thlr. erkauft)
und der 1782 erworbene Caminmantel nennens-
werth, obwohl auch in den letztverfloffenen Jahren durch die Fürforge des K. Hausminifteriums
und der Generaldirection der K. Samml. f. K. u. W.
einige intereffante Kunft- und Werthgegenftände
für das Grüne Gewölbe acquirirt worden find.

Es wird kaum noch nöthig fein zu bemerken,
dafs Niemand unter dem Grünen Gewölbe lediglich einen Schatz von Koftbarkeiten und Edelfteinen zu verftehen hat, fein Inhalt gehört vielmehr dem ganzen Gebiete der Künfte an. Ebenfo
wenig ift es aber ein Mufeum von Curiofitäten,
oder eine vollftändige Sammlung von Kunftfachen
aller Zeiten und Völker, denn die in ihm aufbewahrten Werthfachen und Kunftwerke concentriren
fich chronologifch ˙betrachtet nur in dem engen
Zeitraum von ohngefähr zweihundert Jahren, aber
für diefe kurze Zeit bietet es dem Kunftfreund eine

grofse Mannigfaltigkeit von Stoffen, Ideen und Bearbeitungen. Der Zweck des vorliegenden Catalogs ift lediglich der, den Befucher auf die einzelnen Hauptftücke der Sammlung aufmerkfam zu machen.

Das erfte vollftändige Inventar des Beftandes des Grünen Gewölbes ift im Jahre 1733 (mit einem Nachtrage v. J. 1750) angelegt worden, mancherlei Veränderungen machten ein neues nöthig, welches im Jahre 1817—20 entworfen ward. Befchrieben worden ift daffelbe fpeciell zuerft von dem früheren Director Major von Landsberg [1]) († 9. Auguft 1868), der auch die Erklärungen zu dem grofsen über daffelbe unter der Leitung des Herrn Direkt. Gruner [2]), erfchienenen Prachtwerk geliefert hat. In Auswahl find die Schätze der alten Kunftkammer und des Grünen Gewölbes be-

---

[1]) A. B. v. Landsberg. Das grüne Gewölbe, Dresden 1862. XVIII. Aufl. in-8. (v. d. franzöf. Ueberf. erfchien 1861 die 6. Aufl.)

[2]) Das grüne Gewölbe zu Dresden. Eine Folge ausgewählter Kunftwerke diefer Sammlung nach den Zeichnungen von R. Seidemann und K. Mohr. Dresden 1867 in Fol. (Aufser d. Portr. Dinglingers 28 Chromolithogr. nach Photographien enthaltend.)

reits früher gefchildert[1]) worden, fo in den Werken
des Kunftkämmerers Tobias Beutel (1675)[2]), der
beiden bekannten Reifenden Martin Zeiller[3]) und
J. G. Keyfsler[4]), fowie in dem noch vorhandenen
Reifebericht einiger Weimarifcher Gefandten (über
Dresden)[5]) vom Jahre 1654, endlich auch in der
Schrift des Hrn. Oberbiblioth. Dr. Klemm[6]) über
die Anlegung von Kunftfammlungen.

Dresden, den 1. März 1872.

Dr. Graesse.

[1]) Eine noch handfchr. erhaltene Befchreibung des Gr.
Gew. von dem damal. Infp. Jof. Anton Kühne v. Jahre 1823
ift geradezu unbrauchbar.
   [2]) Churfürftl. fächfifcher Cedernwald auf dem grünen Rau-
ten-Grunde. Dresden 1703. (III. A.) in 8. Bl. D² etc.
   [3]) Itinerarium Germaniae. Strfsb. u. Frkf. 1674 in Fol.
Bd. I. S. 386 etc.
   [4]) Reifen durch Deutfchland etc. Hann. 1751. N. Ausg.
in 4. S. 1298 etc.
   [5]) Abgedr. in J. Joach. Müller's entdecktem Staatscabinet.
Jena 1717. VIII. Eröffnung. S. 224—237.
   [6]) Zur Gefchichte der Sammlungen f. Kunft u. Wiffenfchaft.
Zerbft 1837. S. 166 etc.

I.

RONCE-ZIMMER.

Das Broncezimmer bildet das gegenwärtige Eintrittszimmer des «GRÜNEN GEWÖLBES». Es enthält über 100 Statuen und Gruppen, dem 16.—18. Jahrhund. angehörig, von meiſt italieniſcher und franzöſiſcher Arbeit. Antiken, im eigentlichen Sinne des Worts ſind nicht darunter, wohl aber manche verkleinerte Copieen bekannter Kunſtwerke des Alterthums. Einzelne mögen von den beiden Churfürſten Chriſtian I. und II. in den Jahren 1589 und 1610 angeſchafft worden ſein, andere erhielt der Churfürſt Johann Georg I. aus dem Nachlaſſe des berühmten Bildhauers J. M. Noſſeni [1]) zu Dresden (1610), doch das Meiſte erwarb König Auguſt der Starke aus den Cabi-

---

[1]) Geb. zu Lugano 1544, geſt. 1620 als churfürſtl. Landbaumeiſter zu Dresden. Er erbaute die churfürſtl. Grabkapelle zu Freiberg aus dem neuentdeckten Sächſiſchen Marmor.

neten Chigi, Albani, Kircher, Graf Brühl. Natürlich
find diefe Gegenftände von ungleichem Werthe, weil
bei ihrer Anfchaffung nicht gerade die Abficht vor-
herrfchte, eine Sammlung von neueren Kunftwerken
in Bronce anzulegen, fondern man nur den Zweck
hatte, das Entréezimmer des Grünen Gewölbes mög-
lichft durch elegante Nachbildungen bekannter Kunftwerke des Alterthums und der Neuzeit zu fchmücken.
Eine Anzahl hierher gehörender Broncegruppen und
Figuren befindet fich in der Antikenfammlung im Japanifchen Palais; z. B. ein Raub der Dejanira von
Johann von Bologna und zwei fehr fchöne Vafen
aus der Schule des Benevenuto Cellini.

Links vom Fenfter: Nr. 19. Bacchus auf einem
Ziegenbock reitend, umgeben von vier Wein-
trauben tragenden Kindern (14 Z.), wahrfcheinlich[1])
von *Franc du Quesnoy* genannt *Il Fiamingo* (a.
Brüffel 1594—1646).

Nr. 1. Modell der Reiterftatue Auguft II. oder des
Starken auf dem Neuftädter Markt, fo wie fie wer-
den follte, von dem früheren Kupferfchmied (geb. zu
Nördlingen 1694) dann churf. Hauptmann u. Stück-
giefser zu Dresden *Ludwig Wiedemann* († 1754).
An den 4 Seiten der weifsen Marmorplatte, worauf
das Monument fteht, befindet fich der Titel des
Königs in lateinifcher und polnifcher Sprache.
Das hölzerne mit Bronce verzierte Fufsgeftell ähnelt

---

[1]) Sechs folche Kindergruppen in Elfenbein von ihm find im
Kenfington-Mufeum. (f. Guide to the S. Kenf. Muf. 1871
p. 39), andere in München im Nat. Muf. (S. Cat. der ver.
Samml. 1862. Nr. 11, 12, 14, 15, 124—127, 132, 345.)

den Bafen der Monumente des Grofsherzogs von Toscana Ferdinands I. zu Livorno und des grofsen Churfürften zu Berlin. Die vier, eigentlich mit Ketten
verbundenen, nackten Figuren (gefeffelte Sclaven)
der vier Ecken follen wahrfcheinlich die vier Welt-
theile vorftellen. So wie die Statue jetzt noch auf
einem roh gearbeiteten Sandfteinblock fteht, war fie
1736 proviforifch errichtet; die Ausführung des Fufs-
geftells hat angeblich der 7jährige Krieg verhindert.

Nr. 11. Copie der Statue der Fama von dem Spa-
nier *Anton Coyfevox* (geb. 1640 zu Lyon, † zu
Paris 1720 [1]). (27 Z.)

Nr. 10. Copie des Mercur deffelben Künftlers. Wie
Nr. 11, fonft am Gitter des Eingangs der Tuilerien.

Nr. 9. Gruppe des Hercules und Prometheus, modern. (³/₄ E.)

Nr. 34 und 36. Der Centaur Neffus raubt die Dejanira, nach dem Originale in Rom. (³/₄ E.)

Nr. 2. Modell einer Reiterftatue Auguft's d. Starken
(40 Z.) angeblich zu Paris verfertigt. Es ähnelt
dem Monumente Ludwigs XIV von Cartellier und
Petitot in Verfailles, oder auch der zu Montpellier
auf der fogenannten promenade de Pérou aufgeftellten Statue deffelben Königs von Debay und
Carboneaux.

Nr. 7. Der Raub der Proferpina in gröfserem Mafsftabe (45 Z.) als Nr. 4 (18 Z.), welcher denfelben
Gegenftand behandelt. Nachbildung der *Girar-*

---

[1] S. Nagler Bd. III. S. 171. (I. A.)

don'fchen Gruppe aus dem Garten zu Verfailles[1]).
Letztere ift übrigens weiter nichts als eine Nachahmung des Sabinerraubes von J. von Bologna in
der Loggia de' Lanzi zu Florenz, nur mit Verän-
derung der die Proferpina hebenden Figur. Eine
Nachbildung der Originalgruppe des J. v. B. befindet fich im Elfenbeincabinet (f. unt.).

Nr. 109, rechts am Fenfter. Das Crucifix von
Johann von Bologna (er hiefs eigentlich Jean Bo-
logne, geb. zu Douay 1524, † zu Florenz 1608),
Schüler des Michel Angelo Buonarroti (18 Z.),
Gegenftück des Crucifixes im Elfenbeinzimmer, wo
der Heiland fterbend dargeftellt wird, während er
hier bereits als todt erfcheint. Hauptftück der
ganzen Sammlung.

Fig. 1.   Der fich kratzende Hund. (Br.-Z. Nr. 48)
von *Peter Vifcher.*

) S. Réveil, Mufée de peint. T. XI. No. 738.

Nr. 48. Der fich kratzende Hund [1]) von *Peter Vifcher* (in Nürnberg † 1530), zweites Hauptftück der Sammlung. Geftochen in: Die Nürnberger Künftler, gefchildert nach ihrem Leben und Werken. Nürnb. 1831. H. IV. (S. Fig. 1.)

Nr. 113. Die kleine, 9 Zoll hohe und 14 Pfund fchwere Reiterftatue König Karl's II. von England, der als St. Georg (freilich mit Perruque) den Drachen (die Hydra der Revolution) bekämpft: ungewöhnlicher Weife kämpft er mit dem Schwert ftatt wie fonft mit der Lanze. Diefes dritte Hauptftück der Sammlung rührt von der Hand des Eifenfchmieds und Bildners zu Nürnberg *Gottfried Leygebe* [2]) (geb. 1630 zu Freiftadt in Schlefien, † 1683 zu Berlin) her, der es im Jahre 1667 aus einem 67 Pfund fchweren Klumpen Eifen mit dem Meifel ausarbeitete [3]).

---

[1]) Es giebt mehrere gleichzeitige Copieen davon, rechts auf der Confole derfelben Seite fteht eine folche. Ein 55 Cmtr. hoher Hund deffelben Vifcher ift in Nürnberg (f. German. Mufeum, Dürer-Ausftell. 1871. S. 28).

[2]) In einer alten handfchriftlichen Befchreibung des Grünen Gewölbes wird er aber „Leygel" genannt.

[3]) Von ihm hat man in ähnlicher Weife die Reiterftatue Leopolds I. in Kopenhagen, die des grofsen Churfürften in der Berliner Kunftkammer (S. Kugler's Befchr. S. 246.) a. d. J. 1680, in München ein Schachfpiel aus eifernen und filbernen Figuren und verfchiedene fchön gearbeitete Schwertgriffe. Er foll ein Geheimnifs befeffen haben, Eifen zu erweichen (f. Doppelmair's Nachr. v. Nürnb. Mathem. u. Künftl. Nürnb. 1730, S. 236.) Ueber das jetzige Verfahren (adouciffement du fer) f. Karmarfch, Encycl. Bd. II. S. 97).

Nr. 3. Eine fehr verkleinerte (1 E. 20 Z.) Copie des **Farnefifchen Stieres**, der im Mufeo Nazionale zu Neapel aufgeftellt ift. Die Originalmarmorgruppe, an Dimenfion das gröfste uns aus dem Alterthum überkommene Kunftwerk (12 F. 9 Z. hoch, 9 F. 11 Z. breit), ein Werk der Künftler *Apollonius* und *Tauriskus* von Rhodus (f. Plin. Hift. Nat. V. 36) rührt nach Winkelmann (Gefch. d. K. S. 353) aus dem 4. Jahrh. v. Chr., nach Leffing aber erst aus der Römifchen Kaiferzeit her (f. Kunftblatt 1846. Nr. 40), was wohl etwas zu fpät ift, wiewohl fie zur Zeit des Caracalla in Rom vielleicht überarbeitet und mit Zufätzen verfehen (die Figur der Antiope im Hintergrund, der kleine Hirtenknabe und der Hund am Fufse der Gruppe) worden fein mag. Eine Abformung des Originals in natürlicher Gröfse (21 F. Höhe) ward für den Englifchen Kryftallpalaft angefertigt, eine andere befindet fich im Neuen Mufeum zu Berlin und in bronceartigem Metall zu Sansfouci dem Schloffe gegenüber. Der Gegenftand ift der, dafs die Söhne des Zeus, Zethus und Amphion die Dirke, die Gemahlin des Lykos, Königs von Theben, welche ihre Mutter Antiope mifshandelt hatte, an die Hörner eines wüthenden Stieres binden. Unfere Copie ift von dem Holländer *Andreas de Vries* (um 1600) im Haag angefertigt [1]).

---

[1]) Von demfelben ift eine gröfsere 6 Ctr. fchwere Broncecopie im H. Gothaifchen Kunftcabinet, befchr. von Rathgeber, Annal. d. Niederl. Bildnerei S 113—120. Das Orig. ift abgeb. b. Réveil, Mufée de peint. S. XII. Nr. 828 und b. Lübke, Denkm. d. Kunftgefch. Taf. XIX. Fig. 5.

Nr. 12. Apollo von Nymphen umgeben (24 Z.),
Copie der in einer Grotte des Gartens zu Verfailles befindlichen, unter dem·Namen des Apollo-
bades bekannten Marmorgruppe von *François Girardon* (geb. zu Troyes 1628, geft. 1715) und
Thomas Regnauldin (geb. zu Moulins 1627, † 1706).
Erfterer hatte die vier bedeutenderen, letzterer die
drei übrigen Figuren gearbeitet. Angeblich hat man
fich unter Apollo Ludwig XIV. als jungen Mann
und unter den Nymphen Porträts hervorragender
Schönheiten feines Hofes zu denken [1]).

Nr. 5. Diana und Endymion (40 Z.) von dem
Niederländer Künftler *Cornelius van Cleve* (geb.
zu Paris 1645, † 1732). Eigenthümlich ift hier im
Hintergrunde der kleine Amor mit dem Finger
auf dem Munde, der andeuten mag, dafs man den
fchlafenden Schäfer nicht aufwecken foll.

Nr. 6. Hercules erdrückt den Riefen Antäus (28 Z.)
in der Luft, während die Mutter deffelben, die
Erde, ihn der Mythe nach mit neuer Kraft zu
verfehen fucht.

Nr. 8. Boreas entführt die Nymphe Orithya (48 Z.).
Das Original ward von *Gafpar Marfy* (1625—81)
für den Tuileriengarten begonnen und von deffen
Schüler *Anf. Flamen* (1647—1717) beendigt[2]). Die
Stellung der Figuren in Nr. 6 und 8 zeigt offenbar
von Nachahmung der Gruppen Nr. 4 und Nr. 7.

---

[1]) S. Landon, Annal. d. Muf. T. VIII. p. 54.
[2]) S. Landon, T. XV. p. 123.

Nr. 3.   Die Mufe Polyhymnia, wahrfcheinlich nach
einer in Tivoli gefundenen Statue. (12 Z.) [1]

Nr. 14.   Eine Veftalin, angeblich Nachbildung einer
Juno [2]) oder einer römifchen Kaiferin. (12 Z.)

Nr. 16.   Eine Sibylle, oder wie Andere wollen, Ne-
mefis Angerona (wegen des Fingers an der Lippe),
nach einer antiken Bronce [3]). (12 Z.)

Nr. 53.   Apollo Pythius od. Apollo von Belvedere [4]).
(10 Z.)

Nr. 54.   Eine badende Nymphe [5]). (8 Z.)

Nr. 106.   Marcus Aurelius. Copie der berühmten
auf dem Capitol in Rom befindlichen Reiterftatue
des berühmten Kaifers, welche bekanntlich im Jahre
1538 vom Lateran an ihren jetzigen Standort durch
Michel Angelo gebracht wurde.   Sie gilt als die
fchönfte Reiterftatue des ganzen Alterthums, wiewohl gerade das Pferd nicht naturgemäfs behandelt
ift.   Unfere Bronce ift ein Gefchenk des Papftes
Benedict XIII: auf der Satteldecke des Pferdes
fteht der Name des Bildgiefsers Gia Zof. F.   Am
Kopfe des Pferdes zwifchen den Ohren erfcheint
wie ein Haarbüfchel eine kleine Eule, welche fich

---

[1]) S. Landon, T. I. p. 63. Réveil T. V. Nr. 330.
[2]) S. Montfaucon, Antiq. Expl. T. 1. 5. p. 55. Réveil T. IX.
Nr. 588.
[3]) Montfaucon Nr. CCXIII. Caylus T. IV. p. 72.
[4]) S. Caylus T. I. p. 179. Landon T. I. p. 69. Réveil T. II.
Nr. 126.
[5]) S. Caylus T. I. p. 183.

vermuthlich auf die Weisheit des Kaifers beziehen foll.

Nr. 21. Reiterflatue Ludwigs XIV. nach dem in der erflen Revolution (1792) vernichteten, auf dem Vendôme-Platz, befindlich gewefenem Standbilde diefes Königs, von *Girardon*. (9 Z.)

Nr. 20. Der fogenannte Farnefifche Hercules (18 Z.) nach dem im Mufeo Borbonico zu Neapel befindlichen Originale (9 F.) des der Schule des Lyfippus angehörigen Künfllers *Glykon* aus Athen. [1]

Nr. 55. Eine Opferpriefterin. (12 Z.)

Nr. 57. Eine Statue des Bachus [2]. (16 Z.)

Nr. 58. Pluto und Cerberus. (10 Z.)

Nr. 60 u. 62. Zwei Pferde. (13 Z., 9 Z.)

Nr. 61. Venus, ein fchlafender Satyr ihr zu Füfsen. (13 $\frac{1}{2}$ Z.)

Nr. 17. Der Raub der Sabinerinnen, Reiterflatue. (18 Z.)

Nr. 22. Eine Veflalin. (15 Z.)

Nr. 24. Eine Veflalin, nach dem Originale in der Galerie zu Verfailles, woran aber *Girardon* den Kopf und Altar ergänzt hatte [3]. (15 Z.)

Nr. 67. Hercules auf einem fich bäumenden Roffe. (11 Z.)

---

[1] Abgeb. b. Réveil T. XII. Nr. 846.
[2] S. Landon S. II. p. 51.
[3] S. Winckelmanns W. Bd. IV. S. 5.

Nr. 69. Jupiter als Stier die Europa entführend.
(10 Z.)

Nr. 91 u. 93. Zwei weidende Roffe. (5 Z.)

Nr. 27 u. 29. Zwei ungenaue Copieen der Medicei-
fchen Venus in Florenz. (14 Z., 5 Z.)

Nr. 28. Bacchantin. (18 Z.)

Nr. 23. Diana mit der Hirfchkuh, nach dem Originale im Mufeum zu Verfailles [1]). (15 Z.)

Nr. 72. Hercules, dem Farnefifchen nachgeahmt.
(10 Z.)

Nr. 30. Leda, nach dem Original zu Rom, aber
ungenau. (13 Z.)

Nr. 73. Ein Gladiator. (16 Z.)

Nr. 74. Der Centaur Neffus. (9 Z.)

Nr. 75. Amphitrite. (16 Z.)

Nr. 76. Juno. (10 Z.)

Nr. 78. Bacchus. (11 Z.)

Nr. 35. Fortuna. (21 Z.)

Nr. 79. Venus mit dem Spiegel (eine ähnliche im
Elfenbeinzimmer, Nr. 92).

Nr. 81. Zwei Kämpferinnen als Gruppe. (16 Z.)

Nr. 84. Ein Satyr mit emporgehobenen Händen,
aber ohne Bockfüfse. (13 Z.)

----

[1]) S. Landon T. VIII. p. 51. Réveil T. VI. Nr. 378.

Nr. 87. Venus u. Amor, von *Adrian de Vries*. (10 Z.)

Nr. 18. 33. 40 u. 39. Vier Statuetten, welche als die Elemente des *Michel Angelo* (?) bezeichnet werden, nämlich a. das Feuer, dargeftellt durch einen Alten [1]), der die Hände über eine Glutpfanne hält (15 Z.); b. die Erde, dargeftellt durch eine weibliche bekleidete Figur, ein Füllhorn in der Hand haltend (16 Z.); c. die Luft, eine unbekleidete weibliche Figur mit einem Adler (18 Z.); d. ein Mann mit Bart auf einem Delphin ftehend, in der Linken eine Urne haltend, das Waffer. (16 Z.)

Nr. 89. 90. 94. Der fich vom Haupte des Boreas auffchwingende fliegende Mercur, Copie der bekannten Statue des *Joh. von Bologna* in Florenz. (11 Z., 1 E. $\frac{1}{2}$ Z., 1 E. 3 Z.)

Nr. 97. Ein Athlet oder Diskuswerfer. (12 Z.) [2])

Nr. 42. Ein Satyr. (15 Z.)

Nr. 43. Flora. (11 Z.)

Nr. 100. Ein Satyr beide Hände vor das Geficht haltend. (9 Z.)

Nr. 45. Ceres. (12 Z.)

Nr. 46. Ein kauernder Mann mit einer Tabakspfeife in der linken Hand. (3 Z.)

Nr. 83. Eine Hexe auf einem Ziegenbocke, in der Rechten einen Korb haltend, der Teufel mit einer

---

[1]) Nr. 18 Statue eines Alten im Pelzrock ift ähnlich.
[2]) Abgeb. b. Réveil T. IX. Nr. 612. S. a. T. VII. Nr. 474.

Fig. 2. Poſtament (Bronce-Zimmer Nr. 8.) von *Ch. A. Boule*.

Laterne fliegt voran, vermuthlich deutfche Arbeit, mit Beziehung zum Blocksberg und dem Hexenfabbath. (14 Z.)

Oben Nr. 1—5. Fünf grofse Porträts von getriebenem vergoldeten Kupfer, die Arbeiten des Augsburger Goldfchmiedes *J. W. Damman*, nämlich *α.* Auguft der Starke in der Mitte, *β.* rechts von ihm Friedrich Wilhelm I., König von Preufsen und *γ.* gegenüber feine Gemahlin Dorothea, geb. Prinzefiin von Hannover; *δ.* neben ihr Auguft III., König von Polen und *ε.* ihm gegenüber feine Gemahlin Maria Jofepha, Tochter Kaifer Jofephs I.

Nr. 115. Griechifch-ruffifches Crucifix von Bronce mit Infchrift in fogenanntem Kirchenflavifch, roh gearbeitet, aber fehr alt.

Prachtvoll gearbeitet find mehrere der gröfsern Poftamente, z. B. Nr. 3—12, fogenannte Boulearbeiten von Schildkrot mit eingelegtem Meffing, fo geheifsen nach dem Kunfttifchler Ludwigs XIV. *Charles André Boule* (1642—1732). (S. Fig. 2 und die Zierleiften am Anfang der Abfchnitte.)

II.

LFENBEIN-ZIMMER.

Beim Eintritt aus dem Broncezimmer ins Elfenbeinzimmer gewahrt man links und rechts an der
Thüre auf den zwei Tifchen nebft den dazu gehörigen Etagèren eine reiche Sammlung von aus Elfenbein gefchnitzten Pokalen, Bierkrügen, Kannen etc.
Sie beftehen fämmtlich aus einem mit erhaben gefchnitzten Figuren und Bildwerken aus einem Stücke
gefchnitzten Körper und eben folchem Deckel und
Füfsen, die Befchläge, die Henkel und die innere
Ausfchlagung ift von vergoldetem Silber und manche
find aufserdem noch mit Edelfteinen befetzt und mit
Email verziert, z. B. Nr. 137.

Wir zeichnen darunter aus als hervorragende
Arbeiten links von der Thüre:

Nr. 110. Ein Krug, Neptun und Amphitrite auf
    einem Delphin mit ihrem Gefolge darftellend. Ab-
    gebildet im Gruner-Landsberg. Werke Nr. 1.

Nr. 137. Ein Krug, Allegorie der fünf Sinne durch
fünf Frauen mit verfchiedenen Emblemen dargeftellt; die fechfte Figur ift die Kunft, welche
alle Sinne in ihren Bereich zieht.

Nr. 128. Ein Becher, Judith, begleitet von muficirenden Frauen und Kriegern, das Haupt des Holo-
fernes tragend.

Nr. 311. Ein Pokal (1 E. 8 Z.), Diana und ihr Gefolge darftellend, mit einem aus drei verfchlungenen Figuren nebft einem Hunde gebildeten Henkel.

Nr. 102. Krug, eine Schlacht darftellend zwifchen
chriftlichen und türkifchen Rittern.

Nr. 104. Krug, Meergötter darftellend.

Nr. 105. 138. Zwei Bacchanale. (24 Z.)

Nr. 124. Krug, den Raub und die Befreiung der
Hippodamia und den Kampf der Centauren und
Lapithen darftellend, viel vertiefter gefchnitten als
die übrigen, höchft kräftige Arbeit aus der Schule
des *Michel Angelo*,

und rechts vom Eingang:

Nr. 106 u. 107. Zwei Becher, Diana mit ihrem Gefolge, nicht ganz fo alt als Nr. 311, auch nicht
fo gut gefchnitten.

Nr. 126 u. 141. Ein Krug, Apollo und die Mufen.

Nr. 127. Saturn oder Allegorie der Zeit, welche
todbringend die Schwelger überrafcht.

Nr. 285. Hercules von der Abundantia gebändigt.

Nr. 103 u. 308. Zwei Krüge mit Schlachtftücken, der kleinere eine Türkenfchlacht, der gröfsere eine Schlacht zwifchen Franzofen und Burgundern darftellend, beide fehr fchön gearbeitet, mit fünffach auf einander gefchnittenen Figuren.

Nr. 317. Krug, den Olymp und die zwölf Götter darftellend.

Nr. 12. Kleiner, fehr fchön gefchnittener Becher, eine Kindergruppe darftellend.

Nr. 140 und 310. Krüge mit Bacchanalien, erfterer jedenfalls italienifche Arbeit.

Nr. 309. Krug, den Triumph der Religion darftellend.

Nr. 100. Krug, 25 Z. hoch und 22 Z. im Umfang, das gröfste Stück Elfenbein im grünen Gewölbe, die klugen und thörichten Jungfrauen darftellend, aber wahrfcheinlich unvollendet.

Auf der Seite links an der Seite nach dem Fenfter zu zeichnet fich aus im Winkel als Mufter von Ungefchmack Nr. 258, Curtius von *Egidius Lobenigke* (16. Jahrh.).

Im Glaskaften auf dem erften Tifche:

Nr. 459. Die Gruppe der zwei betrunkenen, fich fchlagenden Muficanten, *Albrecht Dürer* [1]) zugefchrieben. Erftes Hauptftück der Sammlung.

----

[1]) Es giebt nur fehr wenig Arbeiten A. Dürer's in Elfenbein, z. B. in Caffel, Gera, München und Wien (f. a. Heller, Dürer. Bd. II. 1. S. 270. 274. 276. 281. Le Noir, Monum. Franç. T. III. p. 142).

Nr. 87 u. 88. Hercules und Omphale, zweimal, doch von ungleicher Gröfse, von *Balthafar Permofer* (geb. 1651 zu Cammerau in Baiern, † 1732 zu Dresden, wo fich auf dem alten Neuftädter Kirchhofe fein berühmtes Grabdenkmal, von ihm felbft verfertigt, befindet).

Nr. 329. Die von *Melchior Barthel* († 1674 zu Dresden), einem berühmten Elfenbeinfchneider, nach einer Antike in der Villa Medicis gefchnittene Gruppe von zwei Männern (in etwas curiofem Koftüm), welche einen Stier zum Opfer führen, nicht mit dem Toro Farnefe zu verwechfeln. Von ihm find auch Nr. 323—326, die Jahreszeiten, und Nr. 331, ein Jupiter.

Nr. 20. Statuette eines Ecce Homo, und

Nr. 336. Geifselung Chrifti (12 Z.), beide dem *Benvenuto Cellini* hin und wieder zugefchrieben.

Auf dem zweiten Tifche derfelben Seite fteht:

Nr. 15. Zweites Hauptftück der Sammlung. Das Modell einer holländifchen Fregatte [1]) von 32 Kanonen mit einem fehr geiftreich und genial gearbeiteten Poftament, Neptun auf feinem von Meerpferden gezogenen Wagen darftellend, ganz von Elfenbein, 2 E. hoch und 1½ E. breit. Auf den Seitenwänden des Schiffsrumpfes find die Namen der Regenten von Sachfen bis auf Johann Georg I. mit ihren Geburts- und Sterbetagen und auf dem

---

[1]) In der Wiener Schatzkammer zeigt man ein ähnliches elfenbeinernes Segelfchiff von 6 Kanonen (s. Uebersicht d. K. K. Schatzk. Wien 1869. in 18. S. 21.)

Mittelfegel zwei Wappen fehr fein gefchnitten.
Kanonen und Tauwerk find von Gold. Das Ganze
ift die Arbeit des Niederländers *Jacob Zeller* (aus
Deutz bei Cöln) aus dem Jahre 1620. Nicht ganz
genau abgebildet in dem v. Landsberg-Gruner-
fchen W. Nr. 2.

Hinter dem Glaskaften, der diefes Schiffsmodell enthält, befindet fich als Nr. 36 ein kleines, fehr fein
gearbeitetes Menfchenfkelett, 1672 von einem gewiffen Angermann gefchnitten, desgleichen einige
künftliche Kettchen aus einem Stück Elfenbein, von
denen Nr. 446 eine Arbeit König Augufts II. oder
des Starken fein foll. Vor dem Glaskaften liegt

Nr. 316, ein ungeheurer Zahn (1 F. 9 Z.), einen
Hecht vorftellend und als Trinkhorn dienend.

Auf dem dritten Tifche fteht das dritte Hauptftück
der Sammlung:

Nr. 470. Eine coloffale Gruppe, aus einem einzigen
Stück Elfenbein beftehend (16 Z. hoch) und 142
einzelne in einander gearbeitete Figuren enthaltend,
gewöhnlich der Fall der böfen Engel genannt, mehr
Geduldarbeit, als eigentliches Kunftwerk, angeblich
die Arbeit eines Neapolitanifchen Mönchs. Das
Ganze ift mit einem fehr fein aus geprefstem Silber
gearbeiteten Blumenkranz eingerahmt. In der Höhe
befinden fich Gott als Weltrichter und Chriftus, dann
kommen weiter herunter die kämpfenden Erzengel
mit dem heil. Michael, über diesem Heilige der
katholifchen Kirche, z. B. die heil. Cäcilie, weiter
unten die empörten böfen Engel, fchon zu Teufeln
metamorphofirt, unten befindet fich eine Blutkoralle,

den offenen Drachenfchlund der Hölle andeutend, in welcher eine weibliche Figur hingeftreckt ruht, wahrfcheinlich die Verführung vorftellend [1]). Vor diefem Elfenbeinblock befinden fich Hochzeitskäftchen aus dem 15.—16. Jahrhundert und über demfelben eine ähnliche jüngere Gruppe, 23 Figuren enthaltend, auf einem noch fpätern, mit verfchiedenen aus Elfenbein eingelegten Arabesken gefchmückten Ebenholzpoftament, die drei Erzengel mit den Teufeln kämpfend darftellend. (Nr. 26c·) Ueber dem Tifche hängen drei fehr fchön, angeblich von Lücke gefchnittene Figuren der italienifchen Comedia dell' arte, Scaramutz, Poltrone und ein Bettler (Nr. 361. 369 und 350), und zwifchen ihnen eine Lucretia (366), auf beiden Seiten zwei coloffale Zähne als Trinkhörner gefchnitten, von denen eins ein fehr altes Indifches ift [2]). Im Winkel befindet fich Nr. 261, ein fehr fchön gearbeitetes Pulverhorn mit dem fächfifchen Wappen, ein kleiner Becher, eine türkifche Löwenjagd (Nr. 51) vorftellend, ein kleines Trinkhorn und eine antike Schachfigur, einen Bifchoff (Läufer) darftellend, Nr. 356 [3]).

---

[1]) Im Palais Papafaba zu Padua befindet fich eine allerdings zweimal fo hohe Marmorgruppe von A. Fafolato († 1750) aus einem Stücke, welche denfelben Gegenftand behandelt. In München und Berlin aber begegnet man ähnlichen Arbeiten in Elfenbein, dort im Baierfchen Nat. Mufeum (f. d. Catal. der vereinigten Sammlungen, München 1862, Nr. 68) hier in der Kunftkammer.

[2]) Aehnliche befchr. d. Uebers. d. Wien. Schatzk. S. 9.

[3]) Aehnliche Figuren aus dem 12. Jahrhundert find abgebildet bei v. Hefner-Alteneck, Geräthfch. d. Mitt. Bd. I. Taf. 63.

Auf beiden Seiten der Fenſter ſtehen die gröſsern Arbeiten des Münchener Elfenbeinſchneiders *Simon
Troger* eines Autodidakten aus Haidhauſen († 1769)
und Günſtlings des Churfürſten Maximilian III. von
Baiern. Derſelbe hat nicht ohne Glück, in Nachahmung der bunten Marmorſtücke an antiken Gruppen verſucht, die Draperieen und Gewandungen aus
dem braunen Holz der Zuckertanne herzuſtellen, erſt-
lich um dadurch die aus Elfenbein gebildeten Kör-
pertheile mehr zu heben, dann aber auch um die zu-
ſammengeſetzten Stellen zu verdecken. Links ſteht
ſo eine über 2 Ellen hohe Gruppe (Nr. 118), das
Opfer Abrahams darſtellend und in einem Duplicat
auch in München und Würzburg befindlich, rechts
gegenüber (Nr. 318) der Raub der Proſerpina, ebenfalls noch in München vorhanden. Beide ſind
etwas manierirt und an einzelnen Stellen unpro-
portionirt gezeichnet. In derſelben Weiſe ſind die
auf beiden Seiten der Nr. 118 aufgeſtellten Bettler-
und Zigeunergruppen von dem Baierſchen Elfen-
beinſchneider *Krabensberger* gearbeitet.

Ueber dieſer Gruppe hängen Elfenbeinplatten, unter
denen ſich Nr. 133, ein Ritter St. Georg, Nr. 483,
ein Centaur, geſchnitten nach einer Antike in Rom
von *Andr. Pozzi* und Nr. 259, Diana mit ihren
Nymphen vom Aktäon überraſcht (in der innern
Höhlung des Zahns en relief geſchnitten), eine
namentlich von den franzöſiſchen Kunſtkennern
ſehr hochgeſtellte Arbeit, zwei Kinderköpfe (358
und 371), und Nr. 426, Bildniſſe der Grafen Otto
und Curt Königsmark, und Nr. 433, Porträt des
Cardinal von Polignac auszeichnen. Zwiſchen den

beiden Fenftern hängt ein fehr hohes Crucifix, Nr.
314, von dem Elfenbeinfchneider *J. K. Ludw. Lücke*,
(† 1780) zu Dresden im Jahre 1737 verfertigt.
Darunter fteht Nr. 315, ein Lavoir von Elfenbein
aus ftrahlenförmig an einander gefügten Stäben zufammengefetzt und am Rande 8 fchön gefchnittene
Medaillons, Scenen aus den Verwandlungen des
Ovid darftellend, enthaltend. Die angeblich dazu
gehörige Kanne aus fehr ftarkem Hirfchhorn mit
einem fchmalen fich darum ziehenden Gurt von
Elfenbein, Jagdfcenen vorftellend, gehört offenbar
nicht dazu, denn fie ift aus fpäterer Zeit.

Ueber Nr. 318, dem Proferpinenraub, hängt Nr. 333,
ein Basrelief, zwei Pferdeköpfe darftellend, eine
leider unvollendete Arbeit des *Michel Angelo*, ein
Gefchenk des Papftes Innocenz XII., dann Nr. 202
und 203, zwei fehr ausdrucksvolle Köpfe nach
Statuen vom Grabmahl des Papftes Urban VIII. in
Rom, hierauf das wunderbar fchön gefchnittene Bild-
nifs des Papftes Innocenz XIII. und Nr. 2, eine
Madonna mit dem Schwerte.

Geht man an der rechten Seite vom Fenfter nach
der Thüre ins Kaminzimmer, fo befindet fich in
einem Glaskaften Nr. 319, ein 1743 als Gefchenk
aus Italien hierher gelangtes Crucifix, angeblich
eine Arbeit des *Michel Angelo*, wahrfcheinlich aber
des *Balthafar Peruzzi* (1480—1536). Hier wird der
Heiland fterbend dargeftellt. Es ähnelt dem berühmten Crucifix in der Marienkirche zu Danzig. Daneben
hängen zwei Bilder, die hiefige katholifche Hof-
kirche und das am 8. Septbr. 1869 abgebrannte
Schaufpielhaus allhier darftellend, Arbeiten der

Elfenbeinfchneider Hanke und Sohn, früher in
Brieg, zuletzt in Breslau anfäffig, leider ohne Rück-
ficht auf Perfpective und Proportion gefchnitten.
Unten auf dem Tifche befindet fich links ein Schreibzeug, einen chinefifchen Kaifer und zwei römifche
Soldaten darftellend (Nr. 275), und rechts ein von
weit befferem Gefchmack zeigender indifcher Par-
fümeriekaften, ein Kriegs-Elephant mit Kornak
und Hauda, reich mit Edelfteinen befetzt. Abgebildet bei Landsberg-Gruner Nr. 3. Beide Stücke
find im Jahre 1731 von Augsburger Händlern gekauft worden.

Unter Glas auf demfelben Tifche liegen eine Anzahl
Tabatièren, darunter zwei von Peter dem Grofsen
verfertigt, Nr. 447 eine Pflanze, chinefifche Arbeit,
Nr. 312, ein fchlafendes Kind, von Balthafar Permofer nach einem in Rom befindlichen Originale
Fiamingo's gefchnitten, Nr. 420, eine fchön gefchnitzte Pfeife, Johann Georg I. dedicirt, zwei
Beflecke Meffer und Gabeln, eigenthümlich humo-
riftifche Schnitzwerke franzöfifchen Urfprungs aus
dem 17. Jahrhundert, zwölf von Churfürft Chriftian I. ins Grüne Gewölbe unter dem Namen
Türkifcher Löffel abgegebene Elfenbeinlöffel, Nr.
421 ein niedliches Toilettenfchränkchen, Eigenthum der Churfürftin Magdalena Sibylla, Gemahlin Georg's II., Nr. 337 ein Becher aus Hirfchhorn und vergoldetem Silber, worauf eine Jagd
Königs Friedrich Auguft des Gerechten, an deffen
Seite fich fein Bruder Anton mit Gefolge befindet,
eingefchnitten ift, nebft ein Paar Leuchtern von
Hirfchhorn mit kleinen netten Jagdftücken, eben-

falls aus Elfenbein, die Arbeit eines Nachahmers
Dürers, des Elfenbeinfchneiders *Leberecht Wilhelm
Schulz* (aus Meiningen, 1774—1864), ein vortreff-
lich gefchnitzter Stockknopf und einige fogenannte
Grillenfpiele von vielleicht chinefifcher Arbeit.

Auf dem Tifche rechts von der Thür des Kaminzimmers befindet fich das fünfte Hauptftück, Nr.
501, Jupiter auf dem Adler reitend, eine angeblich
nach einer fonft zu Genua befindlichen Camee von B. ·
Permofer gefchnittene Gruppe, auf einer mit Schild-
patt belegten Säule. Unten fteht als Nr. 330 die
Copie einer unter Paul III. aufgefundenen und im
Palaft der Confervatoren zu Rom aufbewahrten
Antike, ein von einem Löwen zu Boden geworfe-
nes Rofs darftellend, von *M. Barthel* gearbeitet,
dann Nr. 89, die Copie des bekannten Sabinerinnen-
raubes des *Johann von Bologna* in der Loggia dei
lanzi oder dem Portico des Andr. Orcagna auf
der Piazza del Granduca zu Florenz, von dem-
felben *Barthel*, Nr. 131 der einen Bogen fchnitzende
Amor nach Correggio von *Permofer*, zwei kleine
Pferde Nr. 332 und 134, von demfelben Künftler,
und Nr. 313, · ein allegorifches Stück von dem
Bildhauer *J. S. L. Lücke*, die Kunft im Verfall,
aber fehr manierirt. An der Wand gehören hierher noch als Platten Nr. 334, eine heilige Familie,
Nr. 98, eine Flucht nach Aegypten, beide fehr alt,
Nr. 132, eine Abnahme Chrifti vom Kreuze und
Nr. 482, vier fchön gefchnittene Medaillons, das
Abendmahl, die Fufswafchung, Chriftus vor den
Richtern und die Himmelfahrt darftellend. Ganz
in der Ecke fteht ein Becher, chinefifche Arbeit,

vorn einen mongolifchen Kopf, auf der Rückfeite
aber ein Gefäfs vorftellend, aus einem ungeheuern
Stück Elfenbein (Nr. 365).

Einer der fchönften Becher (nicht montirt) ift Nr. 255,
. am Thürpfeiler links nach dem Kaminzimmer zu
der Pocal mit Meergöttern.

Sehr merkwürdig und zahlreich find nun aber die auf
der fogenannten Paffig-Bank gemachten Dreharbei-
ten, welche fich auf den obern Confolen und Simfen
finden. Sie rühren gröfstentheils von den Kunft-
drechslern *Aegidius Lobenigke* und *Georg Weckhardt,*
denen Churfürft Auguft im Dresdner Schloffe eine
Drechfelkammer eingerichtet hatte, einigen holländifchen, ihren Namen nach unbekannten Meiftern und
von dem bekannten Nürnberger Kunftdrechsler *Lo-
renz Zick*) † 1666) u. feinem Sohne *Stephan* († 1715)
her. Es find meift gedrechfelte Hohlkugeln, welche
auf Poftamenten ftehen und in fich verfchiedene
curiofe Körper, Elfenbeinfiguren und Bildwerke
enthalten, die nicht erft hineingebracht, fondern
eins aus dem andern und in der grofsen Kugel
gearbeitet find. Diejenigen, in welchen Miniatur-
bilder auf Medaillons, oft zwei, drei und mehrere
hineingemalt find, hiefsen fonft Contrefactkugeln.
Eine folche Kugel enthält z. B. die Porträts des
Churfürften Chriftian III. und feiner Gemahlin in
einer fich drehenden Kapfel, gearbeitet von *J. Zeller*
1611 (Nr. 33). Ein grofser Pocal (Nr. 32) enthält auf
dem Deckel eine Kugel, in welcher fich 23 beweg-
liche andere Kugeln, eine von der andern abge-
dreht befinden. Das merkwürdigfte Stück ift indefs
die hohe Elfenbeinfäule (dritter Tifch links), welche

unten im Fufs ein Räderwerk zum Bewegen eines
Pauken- und Trompetenchors mit Mufikbegleitung
(leider nicht zu repariren) enthält, oben aber in
der Kugel eine Tifchgefellfchaft und aufserdem
noch eine Art Uhr. Einzelne der Becher find auch
mathematifche Kunftftücke, z. B. Nr. 57, der wie
zufällig aus dem Gleichgewicht gefchoben und
jeden Augenblick herabfallen zu müffen fcheint,
gleichwohl ganz genau nach dem Gravitations-
gefetze gedreht ift und ganz feft fteht. Einige
Becher gelten als Arbeiten des Churfürft Auguft,
z. B. Nr. 144, der oberfte an der Thür links Nr.
283, fo ·fein wie Papier gedrehte ift eine Arbeit
Kaifer Leopolds I. [1])

Jedenfalls von hohem Intereffe für Alterthumsforfcher
und Kunftkenner find aber die fogenannten Dipty-
chen (buchdeckelartige Täfelchen aus Elfenbein
gefchnitzt, urfprünglich zum Schreiben beftimmt).
Die fpäteften Arbeiten (13.—14. Jahrh.) und ita-
·lienifchen Künftlern angehörig find Nr. 424 (auf der
einen Hälfte die drei Könige mit ihren Gaben, auf
der andern Maria halb liegend vor dem vor ihr
fitzenden Kinde, an der Seite Jofeph), 462 (auf der
einen Hälfte Maria mit dem Chriftuskind auf den
Armen zwifchen zwei Engeln, auf der andern Chriftus
am Kreuze, an deffen Fufs zwei weinende Frauen),
484 (auf der einen Seite die 3 Könige, auf der
andern Chriftus am Kreuze, unten Zufchauer) und
472, noch etwas fpäter (vier Platten, zu einem Re-

---

[1]) Seine Gefchicklichkeit im Drechfeln begeifterte fogar einen
Dichter (f. Trautmann, Kunftgewerbe S. 57).

liquienkäflchen beflimmt, auf den Langfeiten Salomos Urtheil, auf den Querfeiten die Königin von
Saba). Viel wichtiger find die beiden folgenden:
Nr. 448, die Hälfte eines Diptychon, eine fehr gelb
gewordene Elfenbeinplatte, 8 Z. hoch und 4 Z. breit,
in der Mitte durch einen Querrand abgetheilt.
Die obere Abtheilung zeigt Chriflus nach der Auferflehung und die vor ihm im Staube liegenden
Frauen, dahinter eine Palme und eine Cypreffe,
zwifchen der Gruppe horizontal das griechifche
Wort XAIPETE (freut Euch). Die untere Abtheilung
zeigt Chriflus über eine mit Ketten an Händen
und Füfsen gefeffelte Geflalt hinfchreitend, einem
Menfchen aus einem Brunnen oder Pfuhl heraus-
helfend, daneben eine weibliche Figur (Maria?),
zur Linken drei Jünger, einer mit dem apoftoli-
fchen Hirtenflabe, die andern zwei in bifchöflichem
Ornate, wie Chriflus von einem Heiligenfchein
umgeben und Flämmchen an der Stirne tragend.
Ueber der Gruppe das Wort H ANACTACIC
(ἡ ἀνάστασις, die Auferflehung), auf der Rückfeite
IC.XC.NI KA (Ἰησοῦς Χριστὸς νικᾶ, Jefus Chriflus fiegt); und

.Nr. 488, nach der Anficht Einiger eine Platte für
den Flügel eines im 11. Jahrhundert .zu Byzanz
gefertigten Triptychons, nach der Meinung des Ver-
faffers einer über diefe Tafel gefchriebenen Abhand-
lung [1]) aber eine Art Votivtafel, worauf die Apoftel

---

[1]) Explication hiftor. d'un tableau en relief (par l'évêque de
Varmie [Ad. St. Grabowski]) o. O. 1752 in 4. nebft e. Ab-
bild. d. Dipt. (s. Neu. a. d. anmuth. Gelehrs. 1752. S.
565—573.)

Johannes und Paulus dargeftellt find, wie fie fich
aufmachen, den kaiferlichen Prinzen Conftantinos
Drakofes (um 1449), nachherigen Kaifer Conftantin XIII. (oder XV., letzten Byzapt. Kaifer) aufzu-
fordern, zur Rettung von Byzanz herbeizueilen.
Diefe 9 Z. hohe, 4¹/₂ Z. breite Tafel zeigt auf
der Vorderfeite in fehr ausgeprägten Reliefs die
7 Z. hohen, aufrecht ftehenden Figuren des Evan-
geliften Johannes und des Apoftels Paulus, beide
mit Evangelienbüchern in der Hand, während Johannes die andere Hand zum Segnen aufhebt, und
Paulus diefelbe an der Hüfte ruhen läfst. Beide
ftehen auf einem vorn durch Halbkreisbogen von
gekuppelten Säulen getragenen Fufsgeftell und find
mit dem Heiligenfchein umgeben. Die Köpfe find
wie im Gefpräch einander zugewendet. An den
Seiten derfelben ftehen horizontal ihre Namen:

Ⓐ	O		𝐴	ò			O	Π		ò	Π
Ι	Θ		𝐼	Θ			A	A		ʾα	α
ω	Ε		ω	ε			Γ	Υ		7	υ
A	O		α	ο	und		Ι	Λ		ι	λ
Ν	Λ		ν	𝐴			O	O		ο	ο
Ν	O		ν	ο			C	C		ς	ς
Η	Γ,		η	Γος							
C				ς							

Unter den beiden Apofteln fteht folgende zweite
Infchrift:

CKEΥOC ΘΕΟΥΡΓON ΣΥΛΛΑΛΕΙ ΤΩι
ΠΑΡΘΕΝΩι ΒΔΑΒΗC CKEΠΕC6ΑΙ
ΔECΠOΤΗΝ KΩΝΣΤΑΝΤΙΝON.

„Das göttliche Gefäfs (od. Werkzeug Paulus) fpricht

zu dem Jungfräulichen (Johannes), den Herrſcher
Konſtantinos vor Schaden zu behüten". Beſagte Platte
befand ſich früher in der Kloſterkirche S. Giovanni
d. Verd. zu Padua, kam von dort in die Kapelle
des hieſigen Prinzenpalais und ward auf Befehl
S. M. des Königs Johann dem Grünen Gewölbe
einverleibt.

Fig. 3.   Nr. 333.

III.

AMIN-ZIMMER.

Der Glanzpunct diefes Saales find die Emaillen. Diefelben zerfallen in drei Claffen, in antike, in franzöfifche Arbeiten diefer Art aus dem 16. Jahrhundert und in moderne. Die antiken werden nur
durch zwei fehr alte byzantinifche Bronce-Schalen
(Nr. 2a u. b) repräfentirt, welche jedenfalls zum
Altardienft gebraucht wurden. Sie ftammen aus
dem 5. und 6. Jahrhundert. Die ältere, Cherubim
mit Glorienfchein darftellend, ift weniger gut in
den Farben erhalten, als die etwas jüngere St.
Georg in der Mitte, umgeben von Cherubim, ab-
bildend. Der Zeit nach fchliefsen fich hieran vier
Emailmalereien, welche fich auf einer eingerahmten
Tafel links vom Fenfter finden (Nr. 38), nämlich
a. eine Geifselung, b. eine Kreuzigung und c. eine
Kreuztragung, franzöfifche Arbeiten des 15. Jahrhunderts und d. eine Emaille auf Silber, ganz vortreffliche Leiftung im Gefchmack und Styl des
Antonio del Pollajuolo (a. Florenz 1426 † 1498).

Das Sujet ift Maria mit dem Jefuskinde unter Bäumen
fitzend, bei ihr einige Männer, auf der andern Seite
die Taufe Chrifti im Jordan, in der Mitte ein grofser
Baum. Die hier angewendeten Schmelzfarben find
vollftändig durchfichtig wie Glasflufs.

Hieran fchliefsen fich die eigentlichen Arbeiten der
Schule von Limoges, nämlich gleich vorn links
von der Thüre eine Kanne (Nr. 1) mit dem Monogramm P. R. *(Pierre Rexmon)* 1571 und der Infchrift:
Exodus XVII, Sieg der Ifraeliten über die Amale-
kiter, Mofes den Stab emporhaltend mit Aaron und
Hur auf dem nahen Berge; ein Becken (Nr. 2) mit
gleichem Monogramm und der Infchrift Exod. XIII,
Pharao's Untergang. Nr. 3 eine Trinkfchale ohne
Monogramm. Inwendig: Pharao's Untergang, auf
dem Rande: Zug der geretteten Ifraeliten, auf dem
Deckel: Opfer der Ifraeliten, Fufs: Anbetung der
ehernen Schlange, Mofes mit den Tafeln zürnend
neben Aaron. Nr. 4. Trinkfchale ohne Monogramm.
Inwendig: Neptun, umgeben von Delphinen und
Seeungeheuern. Angriff: broncene Victoria. Fufs:
Triumphzug der Venus mit der Infchrift: Venus
vit en liefse (Liebe lebt in Luft). Deckel: Bacchus,
Silen und Bacchanten. Als Verzierung dienen Arabesken. Nr. 4b. Schale mit dem Monogramm I. C.
Inwendig Anbetung des goldnen Kalbes, äufserlich
groteske Arabesken. Sämmtliche 5 Nrn. find grau
in grau emaillirt, fogenannte grifaille.

Unten als Mittelftück fteht ein grofses Becken in
bunten Emailfarben. Das Babylonifche Weib fitzt
auf dem rofenfarbenen apokalyptifchen Thiere in
koftbarem Scharlachgewande, links sieht man eine

knieende Gruppe von das Weib anbetenden Figuren,
die Infchrift lautet: Apokal. XVII. Am Rande und
auf Rückfeite See- und Flufsgötter in Feſtons fchwe-
bend. Im Allgemeinen prachtvolles Colorit, doch
an einzelnen Stellen etwas fchadhaft.

Nr. 6. Buntfarbige Emailvafe, in der Mitte Diana
als Jägerin mit Gefolge und als Luna, auf dem
obern Theile Kinderaufzug. Nr. 7 Grau in grau.
Infchr.: Judic. VIL Sieg Gideons über die Midia-
niter. Nr. 8 eine Vafe grau in grau, mit Figuren
von kupferigen Fleifchtönen, einen Kampf nackter
Krieger darſtellend. Nr. 9, ein Becken grau in
grau, mit dem Monogramm: *A Limoges par Pierre
Courteys MF.* (1498—1568.) Oben am Rande See-
ungeheuer und Delphine im Kampfe, im Fond Zug
der Ceres auf einem Triumphwagen mit Begleitung.
Wunderbar fchön find die rofigen Fleifchparthieen.
Nr. 12, ein Krug [1]) mit dem Monogramm: J. D. C.
(Jean de Court) in buntfarbiger Emaille. Oben
Bacchus, von Böcken auf einem Wagen gezogen,
um ihn Bacchanten. Am Bauche Pharao's Untergang auf der einen und die geretteten Ifraeliten
auf der andern Seite. Ueber demfelben Nr. 13
und 14, zwei Schalen mit dem Monogramm J. C.
(Jean de Court dit Vigier 1556) in Grifaille; die erſte
stellt Adam fchlafend im Paradiefe und den Herrn
auf Goldgrund, ihn fegnend, auf dem Deckel aber
Gott den Herrn, Adam's Einführung in Eden und

---

[1]) Ein Krug oder Giefser v. J. Courtois von ganz ähnlicher
   Form iſt abgebildet bei Labarte, Hiſt. des arts induſtriels
   (Paris 1864) Album. T. II. Nr. CXVII.

Erfchaffung Eva's dar und enthält fonft noch vielfache
Verzierungen in Ungeheuern und Arabesken. Die
zweite mit ähnlichen Verzierungen zeigt inwendig den
Apfelbaum mit der Schlange und Eva die verbotene
Frucht effend, auf dem Deckel: Gott den Herrn Adam
und Eva ftrafend, ihre Vertreibung aus dem Paradiefe und Arbeit im Schweifse ihres Angefichts.
Nr. 14b einSalzfafs in bunter Emaille mit dem Monogramm J. L. (*Jean Limofin* 1597—1625), oben in
der Vertiefung das Porträt eines römifchen Kriegers
mit braunem Haar, lockigem Schnauz- und Vollbart
(Franz L), auf den fechs abgetheilten Seiten des Ge-
fäfses in ganzer Figur Mars, Venus, Juno, Mercur,
Minerva, Diana auf Sockeln ftehend, unten Bordüre
aus Vögeln und Arabesken, wunderbar fchönes
glasartiges Grün und Blau; Nr. 15—18, vier Medaillons mit römifchen Kaifer- und Kaiferinnen-
köpfen, nämlich 1. Cornelia; 2. M. Antoninus
Pius; 3. Cajus Caefar; 4. Fauftina Antonini. An
der Seite nach dem Fenfter zu ftehen fünf Teller von
Courteys (Nr. 22—27) mit folgenden Infchriften:
a. Vita divae Mariae Virginis; b. Maria in templo
praefentatur; c. Divae Mariae nativitas; d. Angelus
Joachimo apparet; e. Divae Annae conceptio fub
aurea porta. Das Wappen auf dem Rande, jedenfalls das Wappen des Beftellers, ift unbekannt.

Nr. 19 ganz oben ift moderne Arbeit, das Gaftmahl
der Kleopatra, von dem berühmten fächf. Hof-
emailleur *Dinglinger*, leider beim Brennen ver-
unglückt; Nr. 28, eine Bärenhöhle von *Dinglinger*;
Nr. 29, eine Maria Magdalena, das Werk eines
unbekannten Künftlers; Nr. 30, eine Tafel mit

fünf eingefügten kleinern Bildern, in faftigen, glanz-
vollen Farbentönen, a. die Tochter Cimons; b. The-
tis und Vulcan; c. Diana und Actäon; d. Venus
und Mars; e. Pan den Amor im Spiel der Lock-
pfeife unterrichtend. Nr. 31, fechs Frauenporträts
en camayeu von *Dinglinger*, davon einige doppelt,
angeblich Maitreffen Auguft's II. von Polen vorftellend. Nr. 32, fechs Emaillen in lebhaftem
Farbenton, nämlich: a. Madonna mit dem Chrift-
kinde; b. Venus mit dem Apfel und Cupido mit
dem Bogen; c. Madonna mit dem Kinde und Johannes; d. in der Mitte Salomos Urtheil von Pingart;
e. das Urtheil des Paris; f. Europa mit dem Stiere;
Nr. 33, ein Ecce Homo von *Raphael Mengs* (geb.
zu Auffig 1728, geft. zu Rom 1779); Nr. 36, die
h. Magdalena von *Raph. Mengs*; Nr. 35, Tafel,
in welcher eingefügt find a. und c. zwei Frauenporträts, Pendants zu Nr. 31; b. Porträt des Grofs-
fürften Alexis, Sohn's Peters d. Gr. († 1718) von
Dinglinger; d. die Mutter Rembrandt's, Copie eines
Gemäldes Rembrandt's im Belvedere zu Wien von
· *Ismael Mengs* (1690—1750) (eine andere Copie
von Dietrich ift auf der hiefigen Galerie); e. u. g.
zwei Magdalenen von einem der Gebrüder *Jean
Pierre* und *Ami Huault* Genfer Email-Malern am
Berliner Hofe (s. Kugler, Berl. Kunftk. S. 280)
aus dem Ende des 17. Jahrhunderts, und f. das
Gaftmahl der Kleopatra von *Dinglinger*; Nr. 34,
Porträt Peters d. Gr; Nr. 37, Porträt Auguft's d.
St. als junger Mann von *Dinglinger*.

Gegenüber unter einander geftellt befinden fich noch
folgende Emaillen: Nr. 39, ein Blumenftraufs, an-

geblich von *Pierre Chartier* (18. Jahrh.); Nr. 40,
Aeneas mit feinem Vater Anchifes und dem kleinen Ascanius das brennende Troja verlaffend,
Grifaille, ohne Monogramm, wahrfcheinlich von
Pierre Penicaud (geb. 1515); Nr. 41, Alexander
und Diogenes von *Ismael Mengs;* Nr. 42, eine
Reiterfchlacht der Griechen und Perfer (in der
Mitte ein antiker Minervakopf) von *Noël Laudin*
aus Limoges (1667—1727), in herrlichen glänzen-
den Farben, aber fchon nicht mehr in der alten
Manier. Auf dem Tifche fteht Nr. 43, eine mit
böhmifchen Granaten befetzte Schale zu Juwelen,
in der Mitte das Urtheil Salomons in faft erhabener
Emaille, deren Farben aber firnifsartig aufgetragen
find, die einzelnen Fächer mit zahlreichen Granaten
geziert. Die Unterfchrift: »1656 Klemm« mag
wohl eher den Künftler als den Befitzer andeuten.

An die Emaillen fchliefsen fich die Mofaiken an und
zwar zuerft die berühmten Florentiner Tifche von
Marmor mit eingelegter fogenannter pietra dura.
Der elegantefte und gefchmackvollfte — die meiften
find etwas zu voll — ift der erfte Tifch am Fenfter
eine prachtvolle Blumenguirlande darftellend, der
mühfamfte, aber etwas überladene der zweite am
zweiten Fenfter und der koftbarfte der Ecktifch
vom Eingange rechts mit den aufgelegten Reliefs.
In derfelben Manier ift auch der grofse Reliquien-
oder Schmuckkaften (unter Glas). Weniger bedeutend find die grofsen Porträtköpfe aus römifcher
Mofaik, nämlich im erften Fenfter links: der Heiland nach G. Reni, gegenüber der weinende Pe-
trus (nach Rubens?) und das Mädchen mit der

Eule, eine noch unerklärte Allegorie, und am
andern Fenſter links die Porträts der Apoſtel Paulus und Bartholomäus und gegenüber das des Königs
Auguſts des Starken (Nr. 7), wogegen das kleinere
Porträt der Madonna (Nr. 13) ſchwach iſt. Auch
die ſogenannte Ruinen- oder Trümmermoſaik iſt
in mehreren kleinen Exemplaren vertreten, ebenſo
die unächte auf Serpentinſtein gemalte Moſaik in
Nr. 6, einen Waldbuſch darſtellend. Als hierher
gehöriges Hauptſtück iſt aber der in der Mitte des
Zimmers in einem Glasgehäuſe ſtehende Camin
(davon der Name: Caminzimmer), eine Dresdner
Moſaik, welchen der Steinſchneider und Hofjuwelier
J. Chr. Neuber ($\frac{1}{1}$ 1808 im 73. J.) zu Dresden
nach der Zeichnung des Profeſſor *Schönau* gegen
das Ende des vorigen Jahrhunderts (1782) hergeſtellt hat, zu betrachten. Er beſteht eigentlich
gröſstentheils aus ſächſiſchem Porzellan und zwar
ſind die dazu gehörigen Figuren und Reliefs in Bis-
cuit und glaſirtem Porzellan von dem Bildhauer
Er. Gotth. Matthäi (aus Meiſsen 1779, $\frac{1}{1}$ 1842),
Inſpector des Mengs'ſchen Muſeums, modellirt worden. Zu den Verzierungen ſind nur ſächſiſche Mineralien verwendet[1]), nämlich Zabeltitzer Kieſel, Ame-
thyſten, rothe und braune, grüne und graue Agate,
Augen-, Band- und Moosagate, rother und gelb-
geflammter Jaspis, dendritiſche Hornſteine, Carneole
und Topaſen von Schreckenſtein im Voigtlande,

---

[1]) Eine freilich zahlreichere, aber auch unendlich kleinere
Muſterkarte ſächſiſcher Bergwerksproducte iſt der Tiſch
in dem Moritzburger Faſanerieſchlöſschen.

fowie die berühmten Elfterperlen (halb durchgefchnit-
ten), den Feuerherd zieren fchmiedende Cyclopen.
Die Arbeiten aus Bernftein finden fich links an der
Thüre zum Buffetzimmer. Zuerft ift hier auf eine
Gruppe der (fehr häfslichen) Grazien und Amoret-
ten (eine ift leider abgebrochen) aus dem jetzt fo
beliebten Bismarckbernftein (durchfichtigem, roth-
braunem), die aus einem Stücke gefchnitten und
fehr alt ift, hinzuweifen. Dann folgen ein ausgezeichnet gefchnittener Chriftus am Kreuz und ein
gröfseres Crucifix aus Bernftein, beide (unter Glas)
erft in neuerer Zeit reftaurirt und fehr alt, ein
gröfserer Bierkrug mit den fehr fchön gefchnittenen Figuren der fieben freien Künfte, mit Juwelen
befetzt, ein kleinerer mit acht Götterfiguren und
ein elegantes aus einem Stück gefchnittenes Krügel-
chen. Das in der Mitte des Tifches befindliche
grofse Giefs- oder Taufbecken ift mit unterlegten
Medaillons, Wappen, Jagd-, Land- und Ritterfcenen
darftellend geziert, am Spiegel befinden fich zwei
coloffale Vorlegemeffer mit Bernfteinheften. Der
grofse, prächtige aber etwas plumpe Schrank an
der Thüre ift aus Eichenholz, das aber äufserlich
und innerlich mit Bernftein fournirt ift, und gilt als
die gröfste bisher bekannte Bernfteinmofaik. Er war
ein Gefchenk des Königs von Preufsen Friedrich
Wilhelm I. an Auguft den Starken vom Jahre 1728,
ift $3^1/_2$ E. hoch und 1 E. 19 Z. breit. Im Innern
enthält er in 18 Schubladen, alle mit Spiegeln
gefüttert, eine unzählige Menge von Gegenftänden
aus Bernftein. Auf beiden Seiten deffelben ftehen
eine Anzahl kleinere Reliquien- und Schmuckkäft-

chen aus Bernftein, zum Theil mit Elfenbein-
fchnitzereien verziert, und gegenüber ein kleinerer
Bernfteinfchrank, der aber weit älter ift als der
grofse, mit 16 Schubladen.

Auf der andern Seite des Saales befinden fich an
den zwei entgegengefetzten Spiegelwänden neben
den Thüren eine Menge Gefäfse und Phantafie-
arbeiten, aus in Silber gefafsten Straufseneiern beftehend: hierunter find fogenannte Straf- und Vexirbecher in Geftalt von Straufsen oder Pelicanen,
deren lofe Flügel dem Trinker ins Geficht fchlugen,
wenn er fie erhob, um daraus Wein, der aber gar
nicht darin war, zu trinken. Andere find mit bunten Bildern bemalt oder mit Aetzungen oder auch
kunftreich gefchnitzten Reliefs gefchmückt, zum
Theil wohl orientalifchen Urfprungs. Auf der
Mittelconfole der Spiegelwand rechts vom Eingange aus dem Elfenbein- ins Caminzimmer fteht
ein als Pocal in Gold gefafstes und mit einem
Fufse aus Meifsner Porzellan, welchen das fächfifch-
polnifche Wappen fchmückt, geziertes Straufsenei,
welches laut Infchrift und Urkunde in Moritzburg
1734 gelegt war (Nr. 41). Die zwei Spiegelwände
der linken Langfeite des Caminzimmers zeigen
dem Befchauer über hundert mehr oder weniger
kunftvoll in vergoldetes Silber gefafste Mufchel-
gefäfse (meift aus nautilus pompilius), gröfstentheils
aus dem 16.—17. Jahrhundert von Deutfchen oder
Niederländern als Nachahmungen orientalifcher Arbeiten in diefem Genre gearbeitet. Als befonders
merkwürdig darunter bezeichnen wir Nr. 11 u. 12,
zwei Becher von *Belekins*, einem Niederländer

Künſtler des 17. Jahrhunderts [1]), angeblich von dem berühmten Hofjuwelier Auguſts II. *Dinglinger* in Silber gefaſst, dann zwei ganz gleiche Salz- und Pfefferfäſschen, die an beiden Seiten der groſsen Marqueterie ſtehen. Auf denſelben ſitzt oben ein Affe, während unten ein Bauer im Begriff iſt einen Baum umzuhauen, um zu den Früchten zu gelangen (Nr. 30); eins iſt auch bei Landsberg-Gruner als Nr. VII. A. abgebildet. An derſelben Spiegelwand erblickt man mehrere phantaſtiſche Gegenſtände aus demſelben Material, eine mit kleinen Stücken Perlmutter ſchuppenförmig belegte Flaſche, die im Grünen Gewölbe ſchon vor 1640 vorhanden war, ein Rebhuhn darſtellend (bei Landsberg-Gruner Nr. X), ein Segelſchiff etc. An der zweiten Wand befindet ſich ein wunderbares Nautilusgefäſs mit eigenthümlichen grotesken Gravirungen von Teufelsfratzen à la Rabelais (Nr. 7). Die Faſſung ſtellt einen Drachen mit Korallenſchweif vor, auf ihm ruhet ein geharniſchter Mann mit einem Satyrfuſs und einem zweiten aus einem Fiſchſchwanz gebildeten Pedal, eine Schildkröte dient ihm als Sattel, er hilft dem Nautilus empor, auf dem wieder als Krönung ein geflügelter Drache ſitzt (bei Landsb.-Gruner Nr. VI). Ein anderes intereſſantes Gefäſs (Nr. 8) an derſelben Wand iſt wohl italieniſche Arbeit [2]). Ein ſitzender Faun trägt den Nautilus in ſeinen Armen, ein lächelnder Satyr ſteht vorn, oben iſt ein Panther

---

[1]) In der Berliner Kunſtkammer ſind zwei ähnliche mit der Inſchrift: C. bellekin F. (ſ. Kugler Beſchr. S. 267.)

[2]) Ein Monogramm B. G. mit einem kleinen Löwen bezeichnet den Künſtler.

Fig. 4. Nautilus. (Camin-Zimmer Nr. 8.)

gelagert und Weinranken zieren als paſſendes Attribut den Becher (bei Landsberg-Gruner Nr. V [1]). Endlich gehören hierher die beiden Jungfrauenbecher, deren ſchon in den Verzeichniſſen des Churfürſten Moritz gedacht wird. Sie ſtellen eine Dame in ganzer Figur mit dem Corſet und dem Fiſchbeinrocke, dem Hofcoſtüm des 16. Jahrhunderts vor, ſie hält in beiden Händen über dem Kopfe eine kleine in Schnörkeln gefaſste Nautilusmuſchel. Der Zweck dieſer Becher war folgender. Man kehrte die Figur nach oben und füllte den Hauptbecher, der aus dem Kleide der Dame beſteht, und dann auch den kleinern, der, wenn jener umgedreht wird, in der Schwebe hängt, bis an den Rand mit Wein, und ſo bot ihn eine Dame ihrem Tiſchnachbar, dieſer muſste den gröſsern bis auf die Nagelprobe leeren, ohne aus dem ſchwebenden kleinern einen Tropfen zu vergieſsen, verſah er's, ſo muſste er das Trinkexperiment immer wieder ſo lange wiederholen, bis er es ohne Fehler herausbrachte, dann reichte er den Becher ſeiner Nachbarin und dieſe leerte nun den kleinern und

[1]) Ein ähnlicher Pocal, wo ein auf einem Seepferde reitender Neptun den Nautilus trägt, Jupiter aber auf dem Adler Blitze ſchleudernd auf dem Deckel ſitzt, Eigenthum der Königin von England, wird dem Benvenuto Cellini zugeſchrieben und iſt im Art Journal, Lond. 1851. T. III. p. 28 abgebildet, ein dem unſern ähnlicher aus den Jahren 1540—70 bei Hefner-Alteneck, Geräthſch. Bd. 1. Taf. 70., ein anderer, der zu Mainz zwiſchen 1514—45 als Reliquiengefäſs diente, in deſſen Trachten d. chriſtl. Mittelalters. Abh. III. Taf. 76.

fo ging es fort. Der gröfsere Becher trägt als
Monogramm F H, der kleinere (Nr. 24) M B [1]).
An beiden Spiegelwänden ftehen nun auf den Mittel-
confolen zwei gröfsere Gruppen unter Glas. Die
eine etwas überladene Arbeit foll offenbar eine
freie Nachbildung der Marienfäule auf dem Markt-
platze zu München fein, die andere ftellt einen
aus mifsgewachfener Perlen zufammengefetzten Cal-
varienberg mit dem Heiland am Kreuze vor, welches
letztere aus einer Art Ebenholz, dem feltnen und
nur zu diefem Zweck verwendéten fogenannten
Königsholze gearbeitet ift, mit am Fufse des Kreuzes
aus vergoldetem Silber gearbeiteten Scenen aus
dem Leben und Leiden des Herrn. Auf den zwei
Tifchen unter den beiden Spiegelwänden befinden
fich zwei koftbare Schmuck- oder Reliquienkäftchen
des 16. Jahrhunderts. Das ältere mit fehr grofsen
Korallenfiguren gefchmückt ift ein Gefchenk aus
Neapel und wahrfcheinlich ficilianifche Arbeit, das
andere, ganz mit Laubwerk aus Korallen belegt,
ift aufserdem noch mit 15 eigenthümlich gefchnitzten Medaillons von Elfenbein, die mit ihren kleinen freiftehenden Figuren Scenen aus der biblifchen
Gefchichte, meift aus dem Leben Davids darftellen,
geziert und gehört der neapolitanifch-fpanifchen
Schule an. Die auf dem mittelften Tifche liegenden Meffer, Gabeln und Meffer, deren Form das

---

[1]) Zwei solche Becher, den unfern ganz ähnlich, find in Weimar. Sie find abgeb. bei Vulpius, Curiofitäten Bd. VI. S. 54
u. 56, ein anderer bei Hefner-Alteneck, Gerätbfch. Bd. I.
T. 32.

16. Jahrhundert zeigt, mit Heften aus coloſſalen
Korallenzweigen, haben wohl niemals zum Gebrauch gedient. Dahinter lehnt an der Wand eine
grofse Perlmuttermoſaik oder Marqueterie, ein
prachtvolles, $1\frac{1}{2}$ E. hohes, $1\frac{1}{4}$ E. breites Blumen-
ſtück aus fein gravirter, in Ebenholz eingelegter
Perlmutter, von · dem feiner Zeit durch ſolche Arbeiten berühmten Rotterdamer Künſtler *Theodor*
(oder richtiger *Dirk*) *van Ryswyk* (1654). Auf
dem Tiſche gegenüber ſtehen eine Anzahl mit
Perlmutter belegter Reiſeapotheken, Toiletten und
Schmuckkäſten aus der Zeit der Churfürſten Chriſtian I. und II., mehrere ſind Wiener, zwei aber
chineſiſche oder indiſche Arbeiten, wo das Perlmutter und Silber in eine Art ſchwarzer Maſſe oder
Niello eingelegt iſt, eine jetzt gänzlich verlorene
Kunſt. Hinter denſelben mit dem Rücken an der
Hinterſeite des Camins befindet ſich eine aſtrono-
miſche Uhr oder ein immerwährender Kalender
mit Räderwerk in einem Gehäuſe aus mit Florentiner Moſaik ausgelegtem Holze.

IV.

ILBER-ZIMMER.

Das Silber- oder Büffetzimmer, welches heute noch
durch die grüne Farbe feiner Wände das alte
grüne Gewölbe repräfentirt [1]), enthält eine fehr
grofse Anzahl von Figuren und Gefäfsen von vergoldetem Silber (Weifsfilber ift nur in fehr wenigen
Exemplaren vorhanden), meift getriebene Arbeiten
und von den verfchiedenen Churfürften des regierenden Haufes Sachfen erworben. Bei Ceremonien-
tafeln und grofsen Hofbällen werden diefelben
hinauf in den betreffenden Speifefaal des Königl.
Schloffes gefchafft und dort auf zwei Büffet-Stellagen
zur Parade aufgeftellt (incl. einiger Mufchelbecher

---

[1]) Nach einer handfchriftlichen Notiz in einem Inventar des
Gr. Gew. wäre aber der grofse Pretiofenfaal früher grün
decorirt gewefen und der Name käme alfo von dem fünf-
ten, nicht von unferm, dem vierten Zimmer.

aus dem Caminzimmer). Zu den Kaiferkrönungen
in Frankfurt a. M. follen diefe Gefäfse ebenfalls
mehrmals von den dort anwefenden Churfürften mit-
genommen worden fein und bei den von ihnen hier
gegebenen Bankets als Schmuck figurirt haben.
Links von der Eingangsthüre erblickt man zwei
grofse Becher, welche die Zirbelnufs oder den
Tannenzapfen, das Wappen der Stadt Augsburg,
getragen von Winzern repräfentiren follen. In der
Mitte auf breiter Confole fteht ein grofser Löwe mit
Krone und Schild, auf welchem man das herzoglich
fächfifche Wappen erblickt: er ift hohl und konnte
als Wein- oder Bierkanne dienen, denn der Kopf
geht zum Abnehmen. Angelehnt an die Spiegelwand fteht ein grofses Becken von dem berühmten Goldfchmied *Andreas Thelott* (1654 — 1734)
zu Augsburg (Nr. 43) in getriebener Arbeit mit
feinem Namen und der Jahreszahl 1714. Es ftellt
ein Bacchusfeft und in der Mitte Ariadne vor.
Leider fehlt die dazu gehörige Giefskanne, denn
die neben dem heraldifchen Löwen ftehende Kanne
mit dem Midas (Nr. 38) gehört zu dem am zweiten Fenfter aufgehangenen Tauf- oder Rofenwafferbecken Daniel Kellerthalers (Nr. 40), gefertigt 1629
und damals mit 2700 fl. bezahlt. Auf diefem erblickt man Midas unter einem Baume fitzend, während vor ihm Apollo fteht, umringt von einer fehr
zahlreichen Verfammlung, bei welcher auch die
Mufen Violine fpielend thätig find. Der Giefser
rechts vom Löwen (Nr. 74), die Taufe Chrifti durch
Johannes vorftellend, gegoffene Arbeit, gehört zwar
angeblich zu dem Taufbecken der königl. Familie,

pafst aber nicht einmal in die Mitte deffelben. Auf
dem Tifche ftehen neben einem fehr fchönen Juwelen-
kaften von franzöfifcher Arbeit zwei aftronomifche
Uhren, die eine unbezeichnete ift angeblich eine
ältere venetianifche Arbeit, die zweite ein Werk
von *Andreas Schellhorn* in Schneeberg (1570).

Links an der erflen Wand am Fenfler hängt das
Hauptflück (Nr. 73), das noch heute zu gleichem
Zweck gebrauchte Taufbecken der Königl. Familie
von *Daniel Kellerthaler* 1611—15 gearbeitet und
vermuthlich zuerfl bei der Taufe des fiebenten Kindes
Johann Georg's I. und der Magdalena Sibylla von
Brandenburg, Chriftian, fpäteren Adminiftrators von
Merfeburg und Stifters der Merfeburger Linie (27.Oct.
1615), gebraucht. Die vergoldeten Reliefs bringen
Darflellungen aus dem alten Teflament, z. B. die
Sündfluth, Pharao's Untergang pp., die gröfsern
Medaillons (3, dann noch 1 mittleres und 6 kleine)
in Weifsfilber, Scenen aus dem Leben des Herrn,
z. B. die Taufe deffelben, Vorflellung im Tempel,
Auferflehung, Laffet die Kindlein zu mir kommen etc.,
andere allerdings auch wieder altteflamentliche,
z. B. das Paradies, die Vertreibung der erflen
Menfchen aus demfelben etc. Aufgefetzt als Orna-
namente fchweben Engel mit Kränzen in vollftändig fich frei vom Becken abhebenden Figuren.
Die Form des Beckens felbft ift offenbar die kirchliche
Portalrofe. Ueber dem Becken hängen als Bilder
in getriebener Arbeit von der Hand deffelben
Meifters die Taufe des Herrn (1636) und gegenüber die Anbetung der Hirten mit dem Gloria in
excelfis (1637), wogegen die Verkündigung (1629,

Nr. 101) und Johann Georg I. mit feiner Gemahlin Magdalena Sibylla und dem Churprinzen Johann Georg II. und den Sprüchen: Der Herr fchütze Dich etc. und Deine Güte fey über uns, wie wir auf Dich hoffen. Pf. 33 (Nr. 101 b), von dem weniger bekannten Silberarbeiter *D. Hermsdorf* herrühren. Auf dem Marmortifche unter dem Taufbecken fteht die fchwere, aus ftark vergoldetem Silber (Nr. 117) mit aufgefetzten Verzierungen aus Weifsfilber verfehene Chatouille Augufts d. Starken, offenbar eigentlich ein Reliquienkaften, wie man fchon aus der für diefen Zweck damals beliebten Form (Grabdenkmal) abnehmen könnte, wiefen nicht auch auf dem Deckel die aufrechtftehenden Figuren (Auferftehung) und die Reliefs auf den innern Flächen des Kaftens, Scenen aus dem Leben des Heilandes (Abendmahl, Judaskufs, die fchlafenden Jünger etc.) auf diefen Zweck hin.

Auf dem Tifche im Glaskaften fteht hinten quer vor ein maffiv goldnes Trinkhorn mit der Chiffre M. S. (wahrfcheinlich Magdalena Sibylla) 1650, angeblich die Arbeit des berühmten Goldfchmieds *Kafpar Herbach* (kurzweg *Kunftkafpar* geheifsen) in Kopenhagen. Es ift prachtvoll mit allerhand biblifchen und mythologifchen Darftellungen, freiftehenden Figürchen, kleinen Kronen, die wundervoll emaillirt find, gefchmückt und mit Rubinen etc. befetzt, ganz und gar im Style des Benvenuto Cellini und gehört zu den beften Gegenftänden des Grünen Gewölbes. Es ift ein Erbftück der Merfeburg-Weifsenfelfer Linie und vermuthlich ein Hochzeitsgefchenk der Tochter Johann Georgs I., Gemahlin des Kron-

prinzen Chriſtian von Dänemark, an ihren Bruder
Chriſtian zu ſeiner Vermählung mit Chriſtiane von
Holſtein-Glücksburg (19. November 1650) hier in
Dresden. Uebrigens iſt es angeblich eine allerdings
ſehr freie Nachahmung eines bis zum Jahre 1807
in Kopenhagen befindlich geweſenen, dann aber
dort verſchwundenen Trinkhorns mit den Unions-
kronen.

Links vorn auf demſelben Tiſche befinden ſich

a. eine 3^1/$_2$ Mark ſchwere Schale von feinſtem
Golde in Form einer griechiſchen Patera, 7^1/$_2$ Z.
im Durchmeſſer, 22 Z. im obern Umfang. Am
Boden erblickt man eine Figur oder einen Genius,
welcher Trauben prefst, von zierlichen Ranken-
oder Laubgewinden umſchlungen, welche das ganze
Innere der Schale ausfüllen und ſich um 22 in
dieſelbe eingeſetzte römiſche Kaiſermünzen, welche
leider faſt alle gegoſſen ſind, herumziehen. Um die
Figur ſteht die Inſchrift: *Genio — Libero Q —
Patri.* Auf der Rückſeite der Schale oben am
Rande lieſt man: *Phoebigenum ſacrata cohors et
myſticus ordo — Hac Patera Bacchi munera larga
ferant . . . procul hinc . . . procul eſte profani.*
Unten am Boden des flachen Angriffs ſteht: *Aug.
Olom. ſibi et gratae poſteritati M. D. VIII.* Sie
rührt von Auguſtin Keſenbrot, genannt Ollmützer,
Canzler und Geheimſchreiber des Königs Ladislaus
von Ungarn, Propſt zu Ollmütz u. ſ. w. (geb. 1467,
† 1513), der mit Conrad Celtes an der Spitze
der ſogenannten Donaugeſellſchaft, einer literari-
ſchen Verbrüderung zur Wiederherſtellung der

Wiſſenſchaften in den Donauländern ſtand, her [1]),
ward von dieſem der genannten Geſellſchaft ver-
ehrt, und in der Hauptkirche zu Ollmütz nieder-
gelegt. Bei der Plünderung dieſer Stadt von den
Tartaren entführt, kam ſie bei der Belagerung von
Aſow wieder in den Beſitz der Ruſſen, fiel dann
in Judenhände, um eingeſchmolzen zu werden, aus
denen ſie Graf Wolfgang Dietrich von Beuchlingen,
Reichs-Canzler von Polen, rettete, worauf ſie in
das churf. ſächſiſche Münzcabinet überging, aus
welchem ſie ins Grüne Gewölbe kam. Wann die
früher wohl zweifellos ächten, geprägten Golddenare,
unter denen höchſt ſeltene (z. B. eine Magnia Ur-
bica) waren, von einem Betrüger mit gegoſſenen
vertauſcht wurden, iſt jetzt nicht mehr nachzu-
weiſen. Der Verfaſſer dieſes Katalogs hat zuerſt ihre
Unächtheit erkannt, denn in der über dieſelben gelie-
ferten Beſchreibung des bekannten Numismatikers
Tentzel erſcheinen ſie noch als ächt[2]), es wäre denn,
dafs dieſer ſich damals ſchon hierin geirrt hätte.

b. Ein ſilberner vergoldeter byzantiniſcher Hoſtien-
löffel der griechiſchen Kirche (welche bekanntlich
beim heil. Abendmahl Brot und Wein zuſammen
ausſpendet) aus dem 15. Jahrhundert, ſehr reich
in Relief ciſelirt, zeigt im Innern Gott Vater,
darunter die Erſchaffung des erſten Menſchenpaa-
res, auf der Aufsenſeite die Vertreibung deſſelben

[1]) S. J. Gttlb. Boehme, de Auguſtino Olomucenſi et patera
ejus. Dresd. et Lips. 1758. In 8. Pilarz et Morawetz,
Moraviae Hiſt. polit. et eccleſiaſt. P. I. p. 114—161.
Prohaska, Miscell. d. Böhm. u. Mähr. Lit. Bd. I. S. 1—67.
[2]) Tentzel, Paterae aureae delineatio bei Böhme p. 139.

aus dem Paradiefe, am Stiele aber Adam und Eva
am Baume der Erkenntnifs, darunter zwei fymbo-
lifche Figuren.

c. Ein goldner Abendmahlskelch aus der Verlaffenfchaft der Churfürftin Magdalena Sibylla (geft.
am 12. Febr. 1659). Er ift von wunderbar fchöner Zeichnung und ficher italienifche Arbeit, nicht
wie Einige meinen, blos von einem Schüler des *Benvenuto Cellini*, fondern wohl von diefem felbft (geb.
zu Florenz 1500, † 1575). Wahrfcheinlich war er
von dem Erzbifchof zu Cöln, Eberhard Grafen
von Mannsfeld (1558—62) beftellt, denn das gräf-
lich Mannsfeldifche und churkölnifche Wappen ift
auf ihm angebracht. Herrliche Emaille und Edelfteine zieren ihn und machen ihn zu einem der
fchönften Stücke des Silberzimmers.

d. Rechts von ihm ein 4 Mark 8 Loth fchweres
goldnes Gefäfs mit dem ruffifchen Adler und höchft
zierlichen Niello-Ornamenten, ein Gefchenk Peters
des Grofsen an Auguft II., mit einem Wafferfaphir
auf dem Angriff. Die Infchrift in fogenanntem
Kirchenflavifch meldet, dafs diefer Koffchick (ein
ruffifches Waffer- oder Schnapsgefäfs, aus dem der
nicht damit Bekannte nur mit grofser Mühe trinken kann) aus der Zeit des Czaren Johannes Bafi-
lides ftammt und 1696 in Polozk gefertigt ift.

Ausserdem sehen wir noch hier ein wundervoll gearbeitetes Kännchen für Wein beim Abendmahl
(mit dem Monogramm V[inum]) mit Edelfteinen
geziert, eine Arbeit des 15. Jahrhunderts, und darunter eine filberne Trinkfchale mit der Devife:

Dona praefentis cape laetus horae, offenbar ein
Pendant zu der gleich zu erwähnenden goldnen.
In der Mitte ift eine gröfsere griechifche Silber-
münze mit dem Porträt Alexanders d. Gr., umgeben
von 25 in die Schale eingefetzten römifchen Denaren,
fogenannten Familienmünzen, z. B. Fam. Thoria,
Papia, Vibia etc.   Die Münzen find alle echt, wiewohl nicht felten.

Auf dem nächften Marmortifche fteht eine fehr fchöne
Tafeluhr von vergoldetem Silber, reich mit Sma-
ragden (welche z. B. die Ziffern auf dem Ziffer-
blatt bilden), Rubinen, Diamanten etc. geziert.
Sie ift die Arbeit eines gewiffen *Jacob Streller* aus
Nürnberg und gehört dem Anfang des vorigen
Jahrhunderts an.

An der Wand dem Pfeiler gegenüber ftehen meift
goldene Sachen, z. B. eine fchön gravirte Patene,
möglicher Weife zu dem vorhin befchriebenen
Abendmahlskelch gehörig, dann vier maffiv goldene
Becher, jeder 5 Mark 15 Loth fchwer, alfo ohngefähr 408 Ducaten werth. Der Churfürft Johann
Georg I. gab fie mit den gleich zu erwähnenden
vier Provinzen oder Herzogthümern unter der Be-
dingung an feine vier Söhne Georg, Auguft, Chriftian und Moritz, dafs bei Ausfterben einer der
drei andern Linien Provinz und Becher an die
Churlinie zurückfallen follten. Die Eintheilung gefchah auf folgende Weife: Nr. 1. die Churlinie
fowie den nachherigen Churfürften Johann Georg II.
bezeichnet der Becher mit der Chiffre $\widehat{I\!G}$; 2. das
Herzogthum Weifsenfels und den zweiten Sohn

Prinz Auguſt bezeichnet die Chiffre A; 3. das Herzogthum Merſeburg und den dritten Sohn Prinz Chriſtian die Chiffre C, und 4. das Herzogthum Zeitz und den vierten Sohn Moritz der Becher mit dem Buchſtaben M. Zuletzt kam 1746 Nr. 3 an das churfürſtliche Haus zurück, nachdem Nr. 4 1718 und Nr. 2 1738 vorangegangen waren. Dieſe Becher ſind ſehr einfach und mit eingeſchlagenen ſächſiſchen Medaillen verziert. Es wechſeln mit einander ab die Medaille Friedrichs III. oder des Weiſen mit der Umſchrift: *Seculum Lutheranum* 1517, die Johanns des Beſtändigen mit der Umſchrift: *Nomen Domini Turris fortiſſima* 1530. 25. Juni. (Tag der Uebergabe des proteſtantiſchen Glaubensbekenntniſſes auf dem Reichstage zu Augsburg), und die Johann Georgs mit den Umſchriften: *Verbum Dei manet in aeternum* 1617 und *Confeſſ. Luter. Aug. Exhibitae Saeculum* 1630. 25. *Juni.* Unten in den Bechern befindet ſich das grofse ſächſiſche Wappen und auf der Mitte des Deckels Johann Georg I. zu Pferde, mit der Umſchrift: *Pro Lege et Grege* 1619. Im Deckel lieſt man die ſämmtlichen Titel Johann Georgs I. in lateiniſcher Sprache.

Unmittelbar darüber ſteht in der Mitte der Wand ein grofser maſſiv goldner Pocal mit dem ſächſiſchen und Querfurtſchen Wappen und emaillirten Jagdſtücken (7 Mark 8 Loth ſchwer), ein Werk des Berliner Goldarbeiters *Irminger* aus dem Jahre 1697, ebenfalls aus der Weiſsenfelſer Erbſchaft ſtammend.

Am letzten Fenſter an der erſten Wand befindet ſich ein grofser Spiegel mit einem ſehr ſchön ciſelirten

Rahmen aus vergoldetem Silber, geziert mit einer
grofsen Menge falfcher Steine, die aber mit Folie
unterlegt find, und einer eben fo bedeutenden
Anzahl Wappen von damals (1592) blühenden
fürftlichen und gräflichen Gefchlechtern, und Städte-
wappen, aber auch vielen Phantafiewappen, angeblich einft in Befitz Kaifer Rudolfs II. (über dem
Spiegel ift der kaiferliche doppelköpfige Adler, der
in feinen Flügeln eine grofse Anzahl Wappen hält,
angebracht). Die eigentliche Bedeutung des alle-
gorifchen Rahmens, jedenfalls die Arbeit eines
Böhmen, wie aus den Gefichtszügen der darauf
angebrachten Figuren hervorgeht, ift fchwer zu
errathen; vielleicht diente der Spiegel zu chemi-
fchen Operationen, worauf in den vier Ecken die
vier myfteriöfen Thierfiguren aus der Prophezeiung
Daniels von den vier Monarchieen hindeuten.

Darunter auf dem Tifche fteht ein weifsfilberner
Becher (Nr. 117), 14 Zoll hoch und 10 Mark
fchwer. Man bemerkt an ihm die Denkmünzen
des 50jährigen Jubelfeftes der Regierung Friedrich
Augufts des Gerechten im Jahre 1818, deffen
Bruftfchild und die Wappen von Leipzig, Dresden
und Freiberg, fowie verfchiedene auf diefes Ereig-
nifs bezügliche allegorifche Figuren. Der Leipziger
Juwelier *Weftermann* war fein Verfertiger. An der
Wand neben der nach der Strafse führenden Thüre
fteht ein kleiner einfacher Becher (Nr. 108), von
der Stadt Suhl ihrem frühern Landesherrn bei derfelben Veranlaffung gewidmet. Er trägt die rüh-
rende Infchrift: »Das fchöne Reich der guten
Menfchen bleibt auf Erden. Dort wirft du ewig,

ewig König fein. Suhl am grofsen Jubeltage treuer
Sachfen. 20. Septbr. 1818.« Daneben fteht der
früher im hiftorifchen Mufeum aufbewahrte, dem
General Bevilaqua von der Dresdner Communalgarde
gewidmete Ehrenbecher, eine Arbeit des Hoıjuwelier
Zeitz hierfelbft, fehr fchön in Weifsfilber cifelirt
und ftellenweife vergoldet, jedenfalls kunftvoller als
der eben befchriebene Weftermannfche Pocal.

Unmittelbar gegenüber fteht eine kleine filberne Tafeluhr, auf der ein Adler fitzt, der beim Schlagen
der Stunde die Flügel bewegt, und unmittelbar da-
vor das filberne Schreibzeug, deffen fich Auguft III.
laut der Infchrift darauf im Jahre 1734 (6. Jan.)
bei der Unterfchrift der pacta conventa zu Tarno-
witz bedient hat.

An der Wand gegenüber hängt oben eine 1½ Qua-
dratfufs meffende Tafel mit dem Monogramm T. B.
(*Dyrk* oder *Theodor de Bry*, geb. zu Lüttich 1528,
Kupferftecher und Goldarbeiter zu Frankfurt a. M.,
† 1598), ein zum Nielliren oder Abdruck be-
ftimmtes Werk, in welches fünf goldene geftochene
Platten, mancherlei Arabesken vorftellend und von
andern filbernen Arabesken, in welchen auch römifche Kaiferköpfe vorkommen, eingefafst.

An der verfchloffenen Thüre befindet fich ein kleiner
Betaltar (Nr. 143) von Ebenholz mit darauf angebrachten Darftellungen in Silber auf allerdings nur
geprefsten Platten mit dem Monogramm H K D 1608
(Harmsdorf? oder Kellerdaler?). Die drei Platten
ftellen den Gang Chrifti zum Kreuze, die Grab-
legung und als Hauptgegenftand die Auferftehung
dar. An den Seiten ftehen zwei Engel mit der

Säule und dem Kreuze, gleichfam Wache haltend.
In demfelben Gefchmacke gehalten ift das auf dem
Tifche flehende Ebenholzkäflchen mit vielen Fä-
chern und reicher Ornamentik in Silber.
Auf dem nächflen Marmortifche fleht der berühmte
Reliquienkaflen des Nürnberger Goldfchmieds *Wen-
zel Jamnitzer* (geb. 1508 zu Wien, geft. 1586 zu
Nürnberg), eines Zeitgenoffen des Benvenuto Cellini,
um's Jahr 1565 gearbeitet. Er ift wie gewöhnlich
in Form eines Grabmonumentes concipirt, mit
Säulen und Nifchen, worin allegorifche Figuren,
und oben, wie faft auf allen Werken deffelben
Künftlers, mit einer liegenden Frauengeflalt, umgeben von kleinen Thieren, welche allegorifch ge-
wiffe Ideen darflellen follen, gefchmückt.
An der Spiegelwand dahinter zeichnen wir aus die beiden grofsen Schenkgefäfse und Tafelauffätze, links
St. Georg mit dem Drachen, mit den abzunehmenden Köpfen St. Georgs, des Roffes und des
Drachen (um dreierlei Wein einzufchenken), 33 Mk.
14 Loth fchwer, mit dem Befitzermonogramm
F. A. C. (Friedrich Auguft, Churfürft, d. h. Auguft
der Starke), und rechts den Elephanten [1]), einen
Thurm mit kämpfenden Soldaten (von denen einige
fehlen) als abzunehmenden Deckel tragend, 24 Mk.
16 Loth fchwer und nach feinem Monogramm
W. N. wahrfcheinlich von dem Freunde Jamnitzers,

---

[1]) Ein ähnlicher Becher von Chriftoph Jamnitzer (geb. 1563,
† 1618) gearbeitet fleht in der Berliner Kunftkammer.
(S. Kugler, Befchr. d. Kgl. Kunftkammer. Berlin 1838,
S. 161 etc.)

Neudorffer, gearbeitet. Früher foll, wie der Bericht
der Weimarifchen Gefandten v. 1654 (S. 226) fagt,
ein goldner kleiner Becher darin verfteckt gewefen
fein: wer diefen beim Herumtrinken nicht ent-
deckte, mufste den ganzen Becher auf einen Zug
austrinken. Uebrigens ftehen hier wie an den
übrigen Saalwänden eine Anzahl ornamentaler Phan-
tafiegefäfse, Hirfche, Seepferde u. dgl.

Auf dem nächften Marmortifche der folgenen Spiegelwand fteht wieder ein Reliquienkaften, der aber
in weniger reinem, fchon mehr dem Rococo ähnlichen Style gearbeitet ift und die Arbeit eines
Franzofen aus dem Jahre 1590 zu Genf fein foll,
An der Wand dahinter machen wir auf zwei fogen-
nannte Trinkuhren aufmerkfam. Die eine, eigentlich
mehr ein mechanifches Spielzeug wie jetzt die laufen-
den Bären, Mäufe, Ratten etc. ftellt St. Georg mit dem
Lindwurm und einer fonft bei diefem Sujet unge-
wöhnlichen Beigabe einer knieenden Geftalt, welche
die Libyfche Prinzeffin Aja (Maria von Cappa-
docien) vorftellen foll, vor: man zog es auf, dann
lief es auf feinen Rädern auf der Tafel herum
und der, vor dem es ftehen blieb, mufste es austrinken. Rechts fteht ein ähnliches Werk von dem
Nürnberger C. Werner († 1545), ein Centaur, der
eine Dame fortträgt, aus vergoldetem Silber. Wenn
die Uhr geht, bewegen fich die Augen beider
Perfonen, zieht man aber zwei noch in dem Fufsgeftell befindlichen Werke auf, fo fpringen die
beiden vordern Jagdhunde in die Höhe, die Uhr
läuft ebenfalls auf ihren unten angebrachten Rädern
im Kreife fort und der Centaur fchiefst Pfeile, die

man aus feinem Köcher auf den Bogen legt, auf
die Gäfte ab und die Getroffenen müffen Trink-
proben ablegen [1]).

An der nächften Wand ftehen die merkwürdigften und
feltenften Stücke diefer Seite die beiden arabifchen
Trinkgläfer aus den Kreuzzügen ftammend, jedoch
mit fpäterer abendländifcher Silberfaffung. Das eine
führt uns eine Falkenjagd zur Reiherbeize, gehalten
von einem Mann und einer Frau, deren Oberkörper in
blofsen Goldpuncten angegeben und deren Kleidung
mit dicker Farbe aufgetragen ift, vor, das andere mit
einer längern arabifchen Infchrift [2]) ftellt nicht, wie
man glaubte, ein Wurffpiefsfpiel zu Rofs, Djerid genannt, fondern ein im Mittelalter bei den Saracenen
fehr beliebtes Ballfpiel dar [3]). Der Becher gehörte
einft wahrfcheinlich Saladins Bruder Abu Bekr an.

---

[1]) Dergleichen Vexirbecher find mehrere in Moritzburg, z. B.
eine Windmühle etc. 1663 fah der Reifende Tavernier auf
der Tafel des Churfürften in Dresden einen filbernen Becher,
der klein fchien, berührte man ihn, fo ward er durch innern
Mechanismus noch einmal fo grofs als er gewefen war
(f. Happel, Relat. Cur. Bd. IV. S. 613). Diefes wunder-
bare Stück fcheint nie im grünen Gewölbe gewefen zu fein.

[2]) Trotzdem dafs der Koran das Weintrinken verbietet, lautet
fie fo: Süfsen Traubenfaft unferm Herrn, dem Sultan, dem
König, dem Weifen, dem Gerechten, dem Kämpfer für
die Sache Gottes, dem Vertheidiger der Grenzen, dem
Schirmer der Völker, dem Starken, dem Ausgezeichneten,
Ruhm unferm Herrn, dem Sultan, dem König, dem Wiffen-
den, dem Handelnden, dem Gerechten, dem Kämpfer
für die Sache Gottes, dem Vertheidiger der Grenzen.

[3]) Genau befchrieben von C. Schier, die arabifchen Infchriften
d. Kgl. Gemäldegallerie, d. Gr. Gewölb. etc. Dresden
1868. S. 29 etc.

Auf Confolen an derfelben Wand befindet fich ein
grofses Giefsbecken in getriebener Arbeit, die vier
Jahreszeiten darftellend, ein grofser Pokal (Nr. 11)
in Form einer Blumendolde und mit dem oft vorkommenden Römer auf dem Deckel, ferner ein
hoher knorriger Pocal (Nr. 10), in deffen Innern
fich eine lateinifche Infchrift befindet, welche befagt, dafs er der am 24. Septbr. 1657 dem Churfürften Johann Georg II. von der Stadt Wittenberg
überreichte Huldigungspocal ift, endlich ein dritter
gröfserer Pocal (Nr. 32), der Huldigungsbecher
Churfürft Chriftians II. mit den eingefetzten filbernen Wappen der fächfifchen Provinzen (vom Jahre
1593) und Jagdfcenen auf dem den Pocal umgebenden Gurte. Rechts an der Seite lehnt ein
Perlmutterbecken mit fehr fchön cifelirten römifchen Kaifer- und Kaiferinnenbüften auf dem
Rande: ein ganz ähnliches in der Wiener Schatzkammer gilt als Arbeit des *Benvenuto Cellini.* Ein
zweites, aber etwas überladenes als Pendant auf
der folgenden Spiegelwand gehört der fpätern fogenannten Neapolitanifchen Schule an. Eine der
zwei bei Landsberg-Gruner Nr. 8 und 9 abgebil-
deten Giefskannen (von 1 F. 8 Z. Höhe und 5 Z.
Durchmeffer und 13$^1/_2$ Z. Höhe, 9$^1/_2$ Z. Durchmeffer) gehörte unftreitig zu letzterem, ob aber
auch zu erfterem, ift zweifelhaft. Auf dem Marmortifche ftehen ein Schmuckkäftchen und zwei Kar-
thaunen aus feinftem Genuefer Silberfiligran, ohngefähr 160 Jahre alt.

An der fchmalen Mittelfpiegelwand (und fonft auch
gegenüber und an andern Stellen deffelben Saales)

befindet fich eine reiche Sammlung jenes berühmten Granat- und Rubinglafes, welches der bekannte
Johann Kunkel von Löwenflern (geb. 1630, † 1702),
ein Goldmacher und Taufendkünftler, anfertigte
und bekanntlich in diefer Weife nicht mehr hergeftellt werden kann. Die bläulich purpurfarbene
Scheibe rührt von dem unter Churfürft Auguft
feiner Zeit berühmten Adepten *Sebald Schwertzer* [1])
her. Viel älter als die Kunkelfchen find die an
beiden Spiegelwänden oben aufgeftellten Opalglä-
fer, eins trägt das Datum 1574, andere, z. B. die
auf den höchften Confolen aufgeftellten Flafchen
in Regenbogenglas find venetianifchen Urfprungs,
einige, z. B. das roth, blau und weifsgefprenkelte,
mit einem Schild und der Chiffre J. K. find Gefchenke eines Fürften von Deffau v. J. 1679. Unten
am Boden ftehen zwei grofse filberne Schwenkkeffel,
in denen man früher bei den Hofbanketts die
Becher auswufch; ihre Pendants befinden fich auf
der entgegengefetzten Seite des Saales.

---

[1]) † 1598 als Berghauptmann zu Joachimsthal. Nach Schmieder, Gefch. d. Alchimie (Halle 1832) S. 316 pp. hat er
wirklich Gold gemacht. Ein Exemplar feines chimifchen
Goldes wäre der Sage nach eine kleine gehenkelte Schale
mit der Infchrift: „Eifen war ich, Kupfer bin ich, Silber
trage ich, Gold bedeckt mich." Diefelbe ift aber gar
nichts weiter als ein in die bekannte Schemnitzer Quelle
getauchtes und darin fcheinbar vergoldetes Eifengefäfs, wie
deren fich in Curiofitätenfammlungen viele finden. Eine
mir gehörige Vafe diefer Art trägt die Umfchrift: Hab'
Dank, o Schöpfers Hand, ich will Dich allzeit loben, dafs
ich aus Eifen hart zu Kupfer bin erkoren!" Ein Exemplar mit der Infchrift des unfrigen befchreibt fchon Edw.
Brown, Defcr. of Hungary (London 1672. in-4. p. 110.

An der nun folgenden Wand erblickt man oben ein
Giefsbecken ganz aus Perlmutter in den fchönften
Regenbogenfarben, offenbar orientalifche Arbeit,
ferner zwei fogenannte Doppel-Scheuern (d. h.
Becher, deren einen man umgekehrt in den andern
ftürzte[1]), eine ausgezeichnete Augsburger Arbeit des
16. Jahrhunderts, desgleichen in der Mitte eine grofse
Flafche in Form der alten Pilgerflafchen, nach
Einigen eine für eine enge Kutfche beftimmte
Wärmflafche, nach Andern richtiger eine Kühl-
flafche mit einem Fufs zum Einbringen von Eis.
Die auf ihr angebrachten zwei gröfsern Darftellungen in getriebener Arbeit ftellen vermuthlich
zwei Scenen aus der Zeit der Grumbachfchen
Händel dar, nämlich die Einnahme der Stadt
Gotha durch Churfürft Auguft 1567 und die Ent-
führung eines Verwundeten durch einen Reiter in
bäuerlicher Tracht (vermuthlich foll erfterer der
Bifchof von Würzburg, Melchior von Zobel, Letzterer Wilhelm von Grumbach fein). Das vortreffliche Werk ift in etwas verkleinertem Maafsftabe
(fie ift 1 E. 8 Z. hoch, 18 Z. im Durchmeffer)
bei Landsberg-Gruner Nr. 12 abgebildet. Die beiden Figuren, an den Seiten Daphne (links und
Aktäon rechts) find unfchön und nur durch ihre
coloffalen Korallenverzierungen merkwürdig.

Oben erblickt man ein Trinkhorn (Nr. 8), dem ein
Greif als Fufs dient, eine gothifche Thurmfpitze

---

[1]) Ein folcher Doppelhumpen ift abgebildet bei Hefner-Alteneck
Geräthfch. Bd. I. T. 72.

bildet der Anfatz, und das unter einem Erker her-
vorblickende Köpfchen könnte die Büfte des unbekannten Künftlers oder des Befitzers fein [1]). Das
zweite grofse Giefsbecken ift von *Otto Mannlieh* in
Berlin (1625—1700) gearbeitet und ftellt eine
Jagdfcene in fehr hervortretender Cifelirung vor.
Auf dem Marmortifche quer vor fteht eine fogenannte
Kalenderuhr vergoldet mit etwas fchwerfälligen
Silberfiligranverzierungen. Auf dem Zifferblatt ftehen
auf fünf Medaillons fünf fich drehende Figuren,
welche die Stunden, Wochentage, das Datum, die
Monate und den Mondumlauf anzeigen. Sie ift
angeblich die Arbeit des Augsburger Künftlers
Chriftoph Ullmeyer.

An der letzten Wand an der Thüre fteht in der
Ecke ein Innungsbecher der (Leipziger?) Kürfchner-
innung; ein gewappneter Mann hält eine Fahne,
worauf die Worte: »ehrlich und fromm ... Ift mein
befter Reichthumb!... Paulus Aufhammer, von Purg-
haufen (L[eipzig]) 16 (zwei gekreuzte Schwerter) 61.«
Die Namen der Geber, des Obermeifters Ehrlich,
zweier Beifitzer und fünf anderer Innungsmitglieder
find auf Deckel und Fufs eingravirt. In der Mitte
der Wand ftehen drei Becher in Form von Globen;
der mittelfte filbervergoldete mit der Jahreszahl
1578, Herkules den Himmel tragend, war wohl
mehr Tafelauffatz, die zwei andern mit weifsen

--- --- ---

[1]) Abgebildet bei Hefner-Alteneck, Geräthfch. d. Mittelalters.
Bd. II. T. 7. Die Form ift diefelbe mit dem fogenannten
zu Rofenborg aufbewahrten Oldenburger Horn. (Abgeb.
in C. Anderfen, Rofenborg. S. 13.)

Kugeln, worauf der Sternenhimmel und die Erd-
kugel mit lateinifchen Infchriften eingegraben find,
ftellen Atlas, der die Erde, und St. Chriftoph, der
den Himmel trägt, vor. Im Fufse befindet fich
wie bei den oben befchriebenen Trinkuhren ein
Rollmechanismus, man zog denfelben auf und nun
liefen fie auf der Tafel herum; vor wem fie ftehen
blieben, der mufste fie austrinken [1]). Nach unferem Inventar hatte fie der König Guftav Adolph
von dem Nürnberger Stadtrathe 1632 zum Gefchenk erhalten, er foll fie aber in Wittenberg
(Weifsenfels?) haben ftehen laffen, und fo kamen
fie nach feinem Tode in der Schlacht bei Lützen
in die Kunftkammer nach Dresden. Da aber noch
heute zu Upfala zwei ähnliche Globenbecher ftehen,
von denen diefelbe Gefchichte erzählt wird, könnte
die Nachricht auf Verwechfelung beruhen, der
König müfste denn vier bekommen haben.

An die Mittelwand lehnt fich ein grofses Giefsbecken,
jedenfalls perfifche Arbeit aus in Silber eingelegter
Perlmutter und einer Art Niello. Auf dem Tifche
ftehen 3 Uhren, davon die mittelfte aus dem Ende
des 17. und die andern aus dem 16. Jahrhundert
ftammen. Am Pfeiler endlich, der Thüre des
Kaminzimmers gegenüber, prangt eine fogenannte
Pompadouruhr in prachtvollem Boulegehäufe; ihr
Verfertiger war ein gewiffer *St. Martin* in Paris.

---

[1]) Aehnliche wandelnde Becher kannten fchon die Griechen,
denn Philoftratus befchreibt einen folchen bereits im Leben
des Apollonius von Tyana (f. a. Happel, Relat. Cur. Bd.
IV. S. 86).

.

V.

ROSSER SAAL.

Diefer prachtvoll gemalte, in weifs und und Gold
mit koftbarem Stucco-Plafond gefchmückte Saal ift
mit den in Oel gemalten Porträts der erften 10 fächfifchen Churfürften der jetzt regierenden Alberti-
nifchen Linie geziert. Die erften vier auf der linken
Seite nach der Hauptwache zu ftellen Churfürft
Moritz (1541—53), Churfürft Auguft (1553—86),
Churfürft Chriftian I. (1586—91) und Churfürft
Chriftian II. (1591—1611. Letzteres ift, beiläufig ge-
fagt, das befte Bild unter allen), die andern fechs
auf der Langfeite nach der katholifchen Kirche zu
die' vier George (Johann Georg I. 1611—56,
II. 1656—80, III. 1680—91, und IV. 1691—94)
und die beiden Könige von Polen: Friedrich
Auguft I. (als König von Polen II., 1694—1733)
und II. (als König von Polen III., 1733—66),
welche letztere zwei übrigens nach dem Leben

von dem Hofmaler Sylvefter († 1760) gemalt worden fein follen, dar.

Von den in diefem Saale aufgeftellten koftbaren Gegenftänden aus fogenannten Edelfteinen zweiten Ranges oder Schmuckfteinen führt der Saal auch den Namen Pretiofenfaal.

Links von der aus dem Silberzimmer führenden Thüre erblicken wir oben eine grofse Anzahl (12) von Gefäfsen aus Chalcedon, darunter namentlich Nr. 57 durch feine Faffung ausgezeichnet, in der Mitte 9 Gefäfse aus Lafurftein oder Lapis Lazuli, freilich fämmtlich mit Goldadern, unter denen die Kanne das koftbarfte ift, und etwas tiefer noch 15 Gefäfse aus Heliotrop oder Blutjaspis. Unter letztern befinden fich einige wundervoll montirte, fie werden jedoch durch die reizenden Emaillenfaffungen der zwei Eckgefäfse aus orientalifchem Jaspis aus der Zeit Franz I. übertroffen. Das grofse Onyxgefäfs in koftbarer orientalifcher Goldfaffung von Filigranarbeit ift jedenfalls der Glanzpunct der ganzen Wand, allein es hat mit dem von Harun Al Rafchid Karl dem Grofsen gefchenkten und vor der erften französifchen Revolution in der Abtei de la Madeleine zu Chateaudun angeblich aufbewahrten ähnlichen Gefäfse nichts gemein. Unter Glas liegen eine grofse Anzahl Gegenftände aus Karneol oder rothem Chalcedon, Sarder, Sardonyx, Karneolberyll, Tyroler Granaten etc., Gefäfschen, Meffer, Gabeln, Löffel u. dgl. und ein, fcheinbar fehr altes jüdifches Schächtermeffer mit der Infchrift: כב א‎־ עלם רכב (d. i. Jahr der Welt 4122 oder, weil die Schrift undeutlich ift, 4022, was alfo = 362 oder 262

n. Chr. bedeuten würde) [1]). Aufserdem ftehen aber
hier drei grofse filberne ftark vergoldete Deckel-
pocale (21 Z. hoch), in welchen in der Weife der
pocula gemmata der Alten 176, 168 und 24 fogenannte Steincameen eingefetzt find. Sie find,
wie jeder Befchauer felbft fehen kann, nicht alle
antik, wie früher fchon nachgewiefen worden ift [2]),
allein einige find von fehr hohem Alterthum, z. B.
ein aus einem grünen Jaspis gefchnittener $1\frac{1}{2}$ Zoll
hoher Cäfar, u. (am Becher rechts nach dem Fenfter
zu) ein antiker, Jupiterskopf aus weifsem Chalcedon
mit eingefetzten Augäpfeln von Türkis. Der berühmte Hamilton erklärte ihn fchon für das befte
Stück der Sammlung, nach meiner Anficht ift er
in Aegypten zur Zeit der Ptolemäer gefchnitten.
In diefelbe Kategorie gehört eine $4\frac{1}{2}$ Z. hohe,
3 Z. breite Onyxcamee in prächtiger, aber erft
dem Anfange des 17. Jahrhunderts angehöriger
Faffung. Sie ftellt ein Bruftbild des Kaifers Tibe-
rius oder des Octavianus Auguftus, welches aber
(mit Ausnahme des Kinns) auch Napoleon I. ähnelt,
vor, befteht aus zwei Lagen, von denen die obere
braune den Lorbeerkranz und Harnifch, die untere

---

[1]) Nach der Anficht des gelehrten jüdifchen Philologen Dr. Fran-
kel in Breslau ift aber ein Fehler in der Gravirung anzu-
nehmen und 5122 oder 5022, d. i. 1362 oder 1262
n. Chr. zu lefen.

[2]) Durch L. Natter in feinem Werke: Traité de la méthode
artistique de graver en pierre fine (Londres 1754 in Fol.)
p. XIX.—Zwei ähnliche Becher von Gold mit eingefetzten
Cinquecento-Cameen find in der Wiener Schatzkammer
und dem Gotha'fchen Kunftmufeum.

weifse die Haare und das Geficht hergegeben hat.
Weil gefprungen ift der Stein auf eine dritte graue,
wolkige Lage aufgefetzt, in welcher vermuthlich
aus aftrologifchen Gründen ein Delphin, ein Stein-
bock und 5 goldene kleine Sterne eingefchnitten
find. Diefe Camee ift von fehr hohem Werthe und
wird nur von den berühmten grofsen Kunftwerken
deffelben Genres in Paris und Wien übertroffen.
Neben demfelben im Kaften liegen zwei Kryftall-
petfchafte, Gefchenke L. M. der verwittweten Königin Maria, das eine war das Handfiegel S. M.
des höchftfeligen Königs Friedrich Auguft, das
zweite mit dem Kopfe einer Bourbonifchen Prinzeffin das Siegel der Königin Jofepha von Spanien,
Gemahlin Ferdinands VII. Zwifchen ihnen liegt
das kleine Siegel der Prinzeffin Karoline, erften Gemahlin des genannten Königs Friedrich Auguft, worauf die fämmtlichen Wappen Sachfens fehr fein in
Karneol gravirt. Auf den Ecktifchen im erften Fenfter ftehen vier Obelisken aus dem früher fehr hoch-
gefchätzten arabifchen Marmor und zwei Vafen
aus Solenhofener Kalkftein, von *Melchior Dinglinger.* Die Tifchplatten aus Blankenburger (nicht
Kärnthner) Schneckenmarmor felbft find bekanntlich
fehr koftbar.

Auf dem Marmortifche zwifchen ihnen fteht in einem
Glasgehäufe die fonft im Silberzimmer (als Nr. 20)
ungünftig aufgeftellte, jetzt innerlich und äufserlich
reftaurirte (d. h. mit Ausnahme des darin befindlichen, und felbft für den berühmten Akuftiker
Kaufmann zu Dresden [† 1872] nicht verftänd-
lichen Mufikwerks und der aftronomifchen Dreh-

fcheibe), ihrer Zeit hochberühmte Uhr des Augsburger Uhrmachers *Hans Schlottheim* (1618 gearbeitet), nach ihrer äufsern Geftalt der Thurm zu
Babel genannt. Jede Minute kommt aus der obern
Oeffnung eine kleine Kryftallkugel heraus, läuft
in einer fchiefen Bahn fchneckenförmig um den
Thurm, fällt dann unten durch die zweite Oeffnung wieder in den Thurm zurück und fchnellt
inwendig durch ein Hebelwerk wieder hinauf, worauf fie von Minute zu Minute denfelben Weg
macht. Mit diefem Mechanismus ift das eigentliche
Stundenwerk verbunden, nur geht der Minuten-
zeiger nicht, wie bei jeder andern Uhr fort, fondern fpringt von Minute zu Minute nach dem
jedesmaligen Wiedererfcheinen der Kugel, welches
übrigens Saturn oben mit dem Hammer durch
einen Schlag auf die Stahlglocke anzeigt. Sämmtliche Figuren (oben Planeten, unten Muficanten) waren
fonft beweglich und wurden von dem Mufikwerke
(Flöten mit Pfeifen nach Art der Drehorgeln con-
ftruirt) getrieben. Befagtes Uhrwerk ift erft 1871 durch
Hrn. Uhrmacher Schneider wieder hergeftellt worden.

An dem Mittelpfeiler hängt die gröfste bekannte
Emaille (2 F. 10 Z. hoch, 1 F. 6 Z. breit), ein
Bild der h. Magdalena auf Kupfer, vom Hof-
emailleur *E. Dinglinger*, angeblich nach einem im
Louvre (?) befindlich gewefenen Originale des Italie-
ners Maniochi (welches aber nichts als eine Nachahmung einer Madonna von Carlo Dolce oder
Giov. Batt. Salvi, gen. Saffoferrato fein kann, wenn
nicht die ganze Notiz über den Urfprung des Bil-
des felbft irrig ift) copirt. Als Bild ift fie, nament-

lich was die Stellung der dem Himmel zugewendeten
Augen und die ungleiche Gröfse der Hände anlangt, nicht ohne Fehler, allein als Emaillekunft-
ftück fteht fie, namentlich was die Schwierigkeit
des Brennens anlangt, einzig da.

Unmittelbar darunter befindet fich ein aus Achat,
Onyx, Sardonyx, Lapis Lazuli und Marmor nach
Art der Florentiner pietra dura zufammengefetzter
Caminfims. Er foll allegorifch den Eintritt eines
jungen Fürften (wahrfcheinlich Augufts des Starken)
ins Leben darftellen. Dem Prinzen zu Roffe fchrei-
ten die Künfte und Wiffenfchaften vor, Ruhm (der
Tempel [1]) und Liebe (Cupido) umringen ihn, die
Tugenden folgen hinter ihm, vor ihm aber treibt
Hercules mit der Keule die Leidenfchaften und
Lafter ihm aus dem Wege. Das Zeichen der Flucht
ift der unten zu bemerkende flüchtige Hafe. Die
architektonifche Parthie ift am Beften gelungen,
die Figuren find unfchön, die oben fchwebenden
Wolken aber gänzlich mifslungen. Diefes unendlich
mühfame Werk ift die Arbeit des Bildhauers *J.
Bhrd. Schwarzeburger* (getauft 1672, † 1741) und
feiner drei Söhne (1713), welche als Bildhauer
und Edelfteinfchneider zu Frankfurt a. M. lebten[2].

---

[1]) Man könnte auch annehmen, dafs der Künftler andeuten
wollte, dafs er den Tempel der Minerva bereits be-
fucht habe.

[2]) Nach einer handfchriftlichen Notiz in einem Invent. des Gr.
Gew. wäre aber diefes Werk, welches 85000 Thlr. (?) ge-
koftet habe, ein Gefchenk eines Grofsherzogs von Toscana
an Auguft d. St.

Darüber ſtehen zwölf kleine moderne Büſten römiſcher
Kaiſer aus buntem Marmor und Speckſtein (?) ohne
Kunſtwerth auf Poſtamenten von Meſſing, ſonſt als
Modeſache ſehr theuer bezahlt (z. B. der Caligula
mit 650 Thlr.), angeblich von demſelben Künſtler.

Die vornſtehende kleine Statue des gefeſſelten Bacchus
mit der Inſchrift: *Nyſeus Bacchus in aedibus Borghe-
ſis* iſt eine ſehr fein in orientaliſchem Alabaſter
ausgeführte Copie.

Gegenüber an dem Pfeiler ſteht eine leider geſprungene
lebensgroſse Büſte der Diana aus engliſchem Flufs-
ſpath *(Derbyſhire ſpat)*, und vor demſelben ein
ſchönes Schmuckkäſtchen aus ſchwarzem Holze,
15 Z. hoch und 14 Z. lang (abgebildet bei Landsberg-Gruner Nr. 11), vielleicht von *Jamnitzer*, denn
oben wie bei allen ſeinen Arbeiten dieſer Art
ſehen wir eine liegende Figur, einen Genius mit
einem memento mori; die übrigen wie dieſe be-
malten Figuren auf der Fronte und Seiten in
Niſchen ſtellen die Cardinaltugenden, Wahrheit,
Gerechtigkeit, Weisheit und Mäſsigung dar.

Auf der Fenſterlangſeite haben wir auf dem erſten
Marmortiſche drei Schmuckkäſtchen vor uns; das
mittelſte längliche iſt das beſte, die obere liegende
(gegoſſene) Figur, wiederum in der Jamnitzerſchen
Weiſe, hält eine Tafel, worauf lateiniſche Verſe
zum Lobe der Wiſſenſchaften und die Jahreszahl
1557 ſteht, auf der Rückſeite aber befindet ſich
eine ſogenannte Pythagoreiſche Tafel. Das erſte
links iſt mit Steinen aller Art, das dritte rechts
mit wunderbar ſchönen Emaillen freilich in über-

ladener Weife geziert. Noch mehr ift dies der
Fall mit dem wie das letztgenannte Käftchen durch
Herrn Sell hierfelbft vortrefflich reftaurirten Haus-
altar mit Säulen aus Lapis Lazuli, und einer Un-
zahl von Schmuckfteinen und reizend emaillirten
Blumen und Fruchtftücken. Die Korallenfiguren,
namentlich der Heiland in der Mitte, find vortrefflich gefchnitten. Wahrfcheinlich ift das Ganze
Pifaner Arbeit des 17. Jahrhunderts. Wenig Kunft-
werth haben die mit ihren Abdrücken in den beiden Fenftern liegenden vertieft gefchnittenen Intaglien, Arbeiten von *J. Chriftoph Dorfch* (1680—
1732) in Nürnberg und *Friedr. Heinrich Krüger*
(1794—1805) in Dresden. Sie ftellen in vier Serien
die römifchen und byzantinifchen Kaifer von Julius
Cäfar bis Conftantin IV. und Irene, die deutfchen
Kaifer von Carl d. Gr. bis Carl VI. und in der
zweiten Fenfterabtheilung die Suite der erften 254
Päpfte dar.

An der untern Querwand fteht nun die herrliche
Sammlung von Gegenftänden aus Bergkryftall (266) [1]),
welche an Reichhaltigkeit nur durch die in der
Wiener Hofburg übertroffen wird. Zu den Glanz-
puncten derfelben gehört der auf hohem Fufs
ftehende Toiletten-Doppelfpiegel in einem Rahmen
von vergoldetem Silber, ganz im Style des Benvenuto Cellini, indefs der dazu gehörige Fufs aus

---

[1]) Intereffante Notizen über die gröfsten neuerdings gefundenen
Kryftalle giebt das Dresdner Journal 1871. Nr. 298 und
299. Feuilleton.

gleichem Metall ifl jedenfalls von einer andern
Hand. Die Platte ifl ganz farblos rein und weifs
und macht den Teint des Hineinfchauenden rofig:
Auf den beiden Seiten des Spiegels flehen ein Trink-
glas in reicher Faffung mit einem kleinen Römer auf
dem Deckel (abgebildet bei Landsberg-Gruner
Nr. 13), und ein ähnlicher Krug, jedenfalls beide
Arbeiten aus der Schule des Benvenuto Cellini, ebenfo die nun folgende höchfl elegante Flafche mit Hen-
keln von Gold und Emaille, welche Sirenen darflellen follen, für eine Schnur zum Anhängen beflimmt (der entfprechende Stöpfel fehlt), auf welcher
eine allegorifche Darflellung des Wein- und Garten-
baues, ziemlich flach, aber doch kunflreich eingefchnitten ifl (ebend. erblicken wir abgeb. als Nr. 15).
Auf beiden Seiten flehen zwei fogenannte Galeeren,
davon die eine die Mythe des Perfeus und der
Andromeda darflellen foll (Nr. 1). Diefse Gefäfse
dienten fonfl als Rofenwafferbecken nach Tifche
zum Händewafchen oder zur Aufnahme der dem
vornehmflen Gafle zu präfentirenden Serviette oder
zur Darbietung eines künflichen Inflruments aus
dem Geweih des fabelhaften Einhorns, welches, wenn
es in ein vergiftetes Gericht eingetaucht ward, angeblich fofort zerfpringen follte, oder auch zum
Trinken felbfl. Das grofse Crucifix in der Mitte mit
den wundervoll emaillirten Figuren gehört ebenfalls
der beflen Zeit der Renaiffance an. Von feltner Rein-
heit ifl die vorn auf dem Tifche flehende Kryflallkugel
von 22$\frac{1}{2}$ Zoll Umfang und 15 Pfund Gewicht.
Sie ifl felbfl den berühmten Kryflallknauf an dem
Kronleuchter in der Rothen Sammetkammer des

Berliner Schloffes nicht ausgenommen, das gröfste bekannte Stück diefer Art, denn die andern fonft vorkommenden Kugeln (auch in dem gleich zu erwähnenden Ebenholzfchränkcken befindet fich eine kleine) find alle um ein Drittel kleiner. Ihr Zweck war jedenfalls ein geheimer; es wird eine Zauberkugel zum Lefen in der Zukunft gewefen fein und fie mag wohl Churfürft Auguft zum Kryftallgucken [1]) gedient haben. Wahrfcheinlich war fie ein Gefchenk aus Oefterreich. Merkwürdig, obgleich von nicht gefälliger Form (d. h. in der natürlichen fechseckigen Form des Steins) ift Nr. 6, der $^3/_4$ Elle hohe Bierkrug mit eingefchnittenen Arabesken und einem Deckel in Form eines Hahn- oder Drachenkopfes, ganz und gar (wie auch der Fufs) mit Edelfteinen und gefchnittenen Steinen befetzt und angeblich von einem reellen Steinwerth von 6000 Thlr.

Ueber ihm fteht der Kryftallbecher Dr. M. Luthers, den der grofse Reformator einft feinem Freunde, Profeffor W. Nefen aus Leyden gefchenkt hatte [2]) und der dann in deffen Familie in Zittau aufbe-

---

[1]) Diefer Gebrauch ift fehr alt (f. Grimm, D. Myth. [I. A.] S. LXIV. Düntzer, Sage v. Dr. Fauft S. 18 Tharfander, Schaupl. unger. Mein. Bd. III. S. 163 pp.). Berühmt waren namentlich Kaifer Rudolphs Zauberfpiegel und Dr. J. Dee's Zauberkugel (f. Adelung, Gefch. d. menfchl. Narrh. Id. VII. S. 33 pp.).

[2]) S. Tentzel, Cur. Bibl. 1704. S. 379 u. Nova Liter. German. 1703. No·br. S. 411. Ein anderer Becher Luthers von Silber ift u den Curiofitäten von Vulpius Bd. VII. S. 479 etc. befchrieben und abgebildet. Er gehört der Univerfität zu Greifswalde.

Fig. 5. Pocal. (Pretiofen-Saal Nr. 32.)

wahrt wurde, bis ihn der Zittauer Stadtrath am
12. October 1793 hierher fchenkte. (Nr. 32).
Unten ftehen auf Unterfetzern zwei gewundene Säulen
von 22 Zoll Höhe und eine rohe Stufe favoyifchen
Bergkryftalls in der natürlichen fechseckigen Form
(16 Z. im Durchmeffer).

In dem nun folgenden Reliquienfchrein aus Ebenholz
und Bergkryftall, welcher in Geftalt eines früher
in Pera zu Conftantinopel ftehenden, aber im vorigen Jahrhundert durch Feuer zerftörten Palaftes
gearbeitet ift, befindet fich in verborgenen Käftchen
ein Sortiment von fächfifchen Mineralien, das allerdings nicht mehr vollftändig ift.

Unter den übrigen Kryftallfachen zeichnen fich ein
prächtiges Champagnerglas, ein Tonnenglas von
Kaifer Ferdinand III. 1562 gefchenkt, ein auf dem
Tifch am Fufse des grofsen Crucifixes ftehender
kelchartiger Becher mit filbervergoldetem Deckel
von befter deutfcher Goldfchmiedearbeit des 16.
Jahrhunderts, das eigenthümlich geformte Henkel-
becken auf der Marmorconfole in der Ecke, die
bei Landsberg-Gruner Nr. 16 verkleinert gezeich-
nete Schale (20 Z. hoch, 12 Z. Durchmeffer), von
einem Delphin gehalten auf einem Fufse von vergoldeter Filigranarbeit, mit Zierrathen aus Lapis Lazuli, und der fphäroidifche Krug (10½ Z. hoch,
12 Z. breit) am Eingang ins Wappenzimmer (Nr. 12),
bedeckt mit geiftreich concipirten Arabesken aus.
Den Rücken des letzteren bildet eine Teufelsgeftalt
mit goldenem Kopfe, der Henkel von Gold ift mit
Edelfteinen reich verziert und wahrfcheinlich in
Nachahmung des vorhin erwähnten Spiegelrahmens

von *Giov. Batt. Metellino* in Mailand, von dem
überhaupt noch mehrere unferer Kryftallgefäfse
herrühren, gearbeitet. Man findet ihn abgeb. bei

Fig. 6. Kryftallgefäfs. (Pretiofen-Saal Nr. 12.)

Landsberg-Gruner als Nr. 14. Unter Glas liegen
eine Anzahl ruffifcher Löffel von Bergkryftall und

mehrere Rauchtopafe von aufserordentlicher Gröfse
in nelkenbrauner und rauchichter Färbung. Auf
dem Tifche am Pfeiler unter Glas erblickt man
eine grofse Schüffel und Kanne aus dem berühmten Sieb-, Faden-, Spitzen- oder Filigranglafe,
die aber eigentlich zu der Glasfammlung der K. S.
Porzellanfammlung gehören. Ueber der Thüre nach
dem Holzzimmer ftehen noch zwei Vafen aus bunt-
farbigem Glafe, vielleicht von Kunkel.

An der nächften Spiegelwand befinden fich eine Anzahl Gefäfse aus fächfifchem Marmor, Alabafter
und fächfifchem Serpentinftein, der übrigens auch
zur Fufsbodenmofaik verwendet ift [1]), namentlich
dem fogenannten Ophit mit eingefprengtem weifsem
Kalkftein (Species des Verde antico). Aus fogenanntem indifchen Serpentin ift Nr. 15, das koftbare,
bei Landsberg-Gruner unter Nr. 17 abgebildete
8½ Z. hohe und 8 Z. breite Gefäfs (Juwelen-
fchale) mit dem Dänifch-Norwegifchen Wappen,
der Jahreszahl 1651 und der Chiffre M. S. (Magdalena Sibylla, Kronprinzeffin von Dänemark, † 1668).
Es ift mit Diamanten und Rubinen befetzt und
zeigt unter einem von einem emaillirten und mit
Edelfteinen befetzten geflügelten Drachen befchütz-
ten Thronhimmel den König Löwe, wie ein Hund
aufrecht fitzend, und auf beiden Seiten eine Anzahl
(10) anderer fpringender Löwen. Von diefen find

---

[1]) Die Kunft, Serpentin zu Gefäfsen abzudrehen, ward 1580
im Erzgebirge durch Matthias Brändel erfunden und 1614
durch Michael Bafsler und Barthel Börne vervollkommnet.

acht wie der obige blau emaillirt, zwei beſtehen
nur aus Tafelſteinen und Gold und erinnern nach
ihrer Form an die Löwen von S. Marco zu Venedig.
Ein zweites Gefäſs aus demſelben Material hat auf
dem Rande die Inſchrift: *Vas ex Jaſpide antiquum
Alexandriae Aegypti repertum tali ornamento dignum*
(Nr. 13). Nebſt einem andern ähnlichen iſt es
bei Landsberg-Gruner Nr. 18 A. abgebildet. An
der ſchmalen Pfeilerwand lehnt eine Tafel von
grünem Serpentin, welche durch die darauf geätz-
ten Figuren Aehnlichkeit mit einer Waldlandſchaft
hat. Daneben ſtehen zwei eigentlich nicht hierher
gehörige Flaſchen von dem ſogenannten rothen
Böttgerporzellan, d. h. der zweiten, polirten Ab-
ſtufung deſſelben. Oben ſteht ein alter arabiſcher
Zauberbecher [1]) aus Achat mit der arabiſchen Inſchrift: „ein Zaubermittel, um Glück zu erregen,“ und
einer ebenfalls eingravirten Mondſichel, unter deren
Einfluſs er ſtehen ſoll. Die vorn auf dem Tiſche
ſtehende ciſelirte Stahlvaſe in antiker Form, auf der
eine Opferſcene dargeſtellt iſt, iſt ein Kunſtwerk von
M. Dinglinger. An der letzten Wand ſtehen eine groſse
Anzahl Gefäſse und Schalen aus vaterländiſchen Quar-
zen, Achaten etc., unter denen namentlich Nr. 75,
der Becher aus Bandachat, und Nr. 6, die Schale
aus Moosachat, welche einer in Sepia gemalten
Waldlandſchaft ähnelt, hervorzuheben ſind. Auf den
drei untern Conſolen dagegen haben wir eine ziem-
liche Anzahl von chineſiſchen Gegenſtänden, theils

---

[1]) Beſchrieben von Schier, die arabiſchen Inſchriften des Gr.
Gew. S. 34 etc.

aus Speckſtein oder Steatit, der freilich in kleinen
Exemplaren gegenwärtig faſt gar keinen Werth hat
(die grofse Schale Nr. 8 iſt nicht chineſiſche Ar- ·
beit), er müfste denn durch ſeine Montirung, wie
Nr. 9, koſtbar ſein, theils aus Nephrit (pietra
ischada, jade), chineſiſch Yu-che genannt. Letzterer
iſt namentlich in phantaſtiſch ausgearbeiteten und
ſchnörkelförmig ciſelirten Exemplaren wie die unſern
ſind, höchſt koſtbar, da der Stein ſich ſeiner Härte
wegen nur mit dem Glaserdiamanten bearbeiten läfst,
allein die beſte Qualität, der blafsgrüne, mangelt uns
leider, dafür aber haben wir ſechs Gefäfse (ein gröfseres und fünf kleinere Becherchen) aus dem früher
in China künſtlich gemachten Jade (aus Reis, der
durch Kunſt gehärtet iſt), der aber, weil man ihn
nicht mehr verfertigt, ſelten und theurer iſt als
der ächte, und aufserdem noch zwei montirte Salz-
fäſſer angeblich aus chineſiſchem Arſenik (19. 20) auf
gleiche Weife hergeſtellt, eine zweite angeblich verlorene Kunſt dieſes Volkes.

VI.

CK-KABINET.

Das kleine, ebenfo reich als gefchmackvoll im Barock-
ftyl gemalte Eckkabinet enthält eigentlich nur koftbare Spielereien und Nippfachen, meift von der
Mitte des 17. bis zum Anfange des 18. Jahrhunderts gearbeitet, faft ohne Ausnahme mit Edelfteinen geziert.

Gleich beim Eintritt hat man auf jeder Seite als
Tafelauffätze zwei verfchiedene Winzerpaare von
Holz, Silber und Gold mit Edelfteindecorationen,
fogenannte Buttenträger[1]) vor fich, die Arbeiten
eines Goldfchmiedes, Namens *A. W. Braun* aus
Frankfurt - a. M. Zwifchen ihnen ftehen zwei Stutz-

---

[1]) Ein ganz ähnlicher Winzer, vlämifche Arbeit des 16. Jahrhunderts und vielleicht Original des unfern, ift abgebildet bei Lacroix, Le Moyen Age et La Renaiffance. 1850.
T. III. Orféverie Pl. XIII. u. in deffen Les arts au Moyen-
Age. Paris 1868. p. 152.

uhren, koſtbar mit Juwelen beſetzt, von ihnen iſt
die links ſtehende mit der Legende des h. Huber-
tus in Email und von Smaragden, Diamanten und
Chryſolithen ſtrotzend, eine Arbeit des Dresdner
Juweliers *Köhler* zu Anfang des 18. Jahrhunderts,
die ſchönſte. Gleich rechts an der Ecke ſteht die
angeblich ſehr ähnliche Caricaturfigur des häfslichen Hofzwerges Auguſts II., Hante [1]), deſſen Leib
aus einem ſogenannten Luchs- oder Waſſerſaphir
beſteht. Unmittelbar über ihm gewahrt man eine
grofse Weintraube aus einem hellen Smaragd, getragen von Joſua und Caleb, auf reich emaillirtem
Fufsgeſtell. Auf der rechten Seite derſelben Wand
erblicken wir einen goldnen Korb (zum Oeffnen
eingerichtet), gefüllt mit emaillirten Blumen, deren
Kelche mit Diamanten und Rubinen geziert ſind.
Ein von Smaragden und Diamanten ſtrotzender
geflügelter Drache oder Baſilisk verſinnlicht die
Idee der Schlange unter den Blumen, welche dem
Verfertiger *Dinglinger* vorgeſchwebt haben mag.

Auf derſelben Seite über einander ſtehen ein Flacon,
gebildet aus einer goldnen emaillirten Eule mit Glotz-
augen von Onyx und einem Halsband von Diamanten, die Arbeit des Juwelier *Döring*, ein reizendes
Kännchen aus Heliotrop, wundervoll emaillirt und

---

[1]) Er ſoll eigentlich ein Azteke geweſen und hier 1711 getauft
worden ſein. Er war nur 2 Schuh hoch, mufste ſich in
einer Paſtete auf die Tafel tragen laſſen, dann auf ein
gegebenes Signal herausſteigen und auf dem Tiſche herum-
ſpazieren. Die am Boden liegenden Spielkarten ſollen ſeine
liebſte Beſchäſtigung bezeichnen.

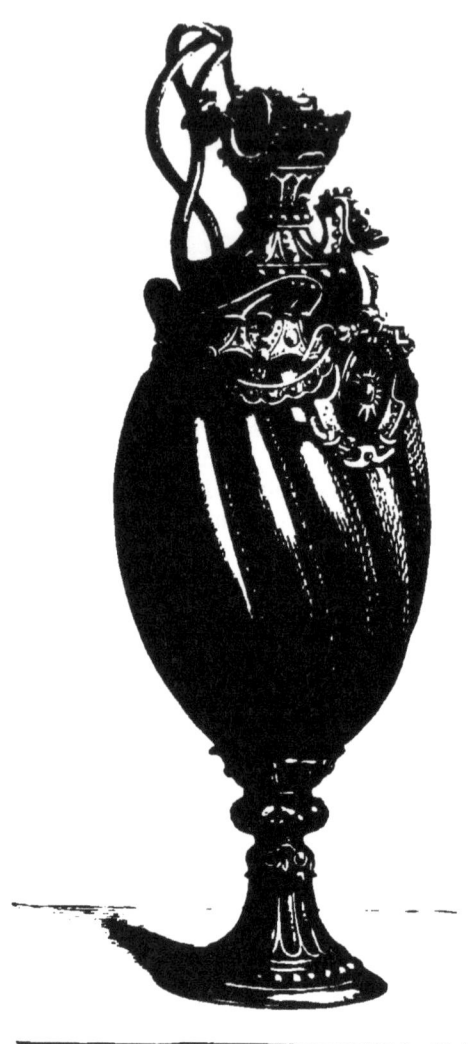

Fig. 7. Kännchen. (Eck-Kabinet Nr. 207.)

ganz im Style der beften Renaiffancearbeiten, von
Dinglinger[1]), aber etwas blaffer, und darüber ein
ungeheurer Goldtopas, der einem Eremiten zum
Fufsgeftell dient. Weiter nach der Mitte zu erblickt man in einer Kryftallkugel Orpheus, deffen
Spiel und Gefang die wilden Thiere laufchen, ohne
Zweifel eine Arbeit des *Benvenuto Cellini*. Das Stück
felbft war wahrfcheinlich ein uhrartiges mechanifches
Spielwerk, wie man folches als ein freilich fehr
primitives Roulette noch heute auf den Jahrmärkten
findet, denn die obere kleine Figur läfst fich durch
eine Spirale anziehen und fortfchnellen und zeigt mit
ihrem Stabe auf Zahlen. Die Amethyftfchale ift aus
fächfifcher Amethyftmutter und koftbar mit grofsen
Amethyften in goldner Faffung befetzt. Auf der
unterften Reihe fteht eine Zuckerfchale aus Chalcedon mit netzförmiger Faffung und oben als
dänifche Fregatte mit dem Danebrog geziert. Auch
die beiden andern Dofen derfelben Reihe zeichnen
fich durch prachtvolle Montirung, die eine durch
unvergleichliches, hellrothes, durchfichtiges Email
aus und das dazwifchen hängende Weihwaffergefäfs-
chen ift jedenfalls eine vorzügliche Arbeit des 16.
Jahrhunderts. In der Mitte aber fteht das berühmte
goldne Ei, jedenfalls ein von irgend einem Polen
Auguft dem Starken in Bezug auf feine Erwählung
zum König von Polen verehrtes fymbolifches
Ofterei[2]. Schraubt man daffelbe auf und öffnet

---

[1]) Abgebildet bei Landsberg-Gruner Nr. 23.
[2]) Nach Andern wäre es ein fogenannter Jul-clap, wie fie als
 Weihnachtsattrappen im Norden von Europa noch jetzt

das hierin befindliche, gelb emaillirte Eidotter, fo
erblickt man eine darin fitzende goldne alte brü-
tende Henne, nach Auseinanderlegung derfelben
aber findet man ftatt der Eingeweide eine Königs-
krone von Gold, Diamanten und Perlen, welche
als Boden ein Karneolpetfchaft zeigt, auf welchem
ein Schiff im Sturme mit der Infchrift: *Conftant*
· *malgré l'orage* eingefchnitten ift. Die Krone klappt
fich auf und zwei Bügel derfelben bildet ein her-
auszunehmender Ring mit einem flachen Diamant.
Die untere Spitze läfst fich angeblich auch öffnen,
um Odeurs einzufpritzen. Früher foll auf der
Rückfeite des Steins noch ein brennendes Herz
mit der Devife: *Conftant et fidèle* einemaillirt gewefen fein, allein jetzt ift die Rückfeite nur ein-
faches Gold. Unter den reizenden Kleinigkeiten
oben zeichnen wir noch ein elegantes Uhrgehäufe
mit kleinen Köpfchen gefchmückt aus, von denen
eins Porträtähnlichkeit haben mag und auf dem
fich der dänifche Elephant findet. Es ift von
Köhler, die Uhr felbft von Droynot aus Poitiers [1])
(abgeb. bei Landsberg-Gruner Nr. 25).

Unter Glas liegen auf derfelben Seite eine grofse

---

vorkommen, oder ein Riechbüchschen, wie fie in Frankreich unter Heinrich IV. und Ludwig XIII. Mode waren.
Man fagt es fei von einem Amfterdamer Kaufmann auf
der Leipziger Meffe erkauft worden.

[1]) Abgebildet beide Formen von Uhren in Lacroix, Le Moyen
Age et La Renaiffance (Paris 1849). T. II. Horlog Pl. V.
u. Les Arts au Moyen-Age p. 179 u. bei Dubois, Collec-
tion Soltykoff. Horlogerie (Paris 1858) Pl. V. u. XVII. S.
a. Sauzay, Cat. du mufée Sauvageot (Paris 1861) p. 96 pp.

Anzahl eleganter Kleinigkeiten, Nadelbüchfen, Näh-
etuis, Flacons etc., alle von Gold und mit Edelfteinen befetzt, z. B. eine Flinte, eine Guitarre, ein
Santo Bambino etc. Das fchönfte Stück aber ift
das kleine, in Nachahmung eines zu Florenz befindlichen gröfsern gearbeitete Reliquienkäftchen
aus Kryftall, welches ein gewiffer Daniel Vogt, zu
Breslau zur Zeit des 30jährigen Krieges dort als
Proteftant eingewandert, höchft kunftreich gefertigt
hat. Auf den vier gröfsern Kryftallflächen find die
Leidensgefchichte und die Kreuzigung, auf den kleinern Platten des dachähnlichen Deckels die heiligen
Frauen, die Auferftehung und Himmelfahrt auf das
Feinfte eingefchnitten (abgeb. b. Landsb.-Gr. Nr. 26).
Hier liegt auch eine jener feltnen Arbeiten des Tyroler Monogrammiften [1] C. V. aus der Zeit Kaifer
Karls V. und Ferdinands I., ein Stück Silberglanzerz,
in welches mehrere Scenen aus dem Leben und Leiden Chrifti fehr kunftreich eingefchnitten find. Eben-
dafelbft gewahrt man auch vier Büften von Aven-
turin, dem goldflimmernden, im Volksmunde Gold-
flufs genannten Quarz; deffen fonft zu Murano bei
Venedig gemachte künftliche Nachahmungen jetzt
gefuchter find als die Originalfteine. Vorn liegen
auch zwei fogenannte Nürnberger Eier, bekanntlich die älteften Tafchenuhren (von Peter Hele
1500 zu Nürnberg erfunden), mit Darmfaiten ftatt
der Metallketten und an den Seiten mit Kryftall
verglaft, um den Mechanismus fehen zu können;

---

[1] S. hierüber Primiffer, Ambrafer Sammlung (Wien 1819).
S. 170 etc.

neben ihnen eine noch feltnere, allerdings etwas
fpätere Kreuzuhr, auch Aebtiffinnenuhr [1]) genannt,
weil die Aebtiffinnen dergleichen zu tragen pflegten,
eine von einem Parifer Uhrmacher *Myrmecide* (s),
wahrfcheinlich einem Griechen, zu Ende des 15.
Jahrhunderts erfundene Form, und eine franzöfifche
fehr fchön emaillirte goldne ovale Tafchenuhr des
16. Jahrhunderts. Sonft find noch in demfelben
Kaften merkwürdig ein höchft complicirter Schritt-
zähler des Churfürften Auguft, von *J. Martin* in
Augsburg, ein von *Reichel* in Dresden 1640 ge-
fertigter Automat als laufende Kreuzfpinne, ein
goldner Löffel von italienifcher Arbeit und der
Jahreszahl 137 (?), und ein antikes Handfpiegelchen,
welches Hefner in feinem bekannten Werke über
die Geräthfchaften abgebildet und befchrieben hat
(Bd. II. Taf. 3). An den Fenfterfeiten hängen links
einige alte Spiegel mit koftbaren Rahmen, und
eine koftbare Glasemaille aus der Zeit des Benvenuto Cellini als verfchobenes Viereck, rechts aber
in Perlmutter gefchnitten Auguft der Starke zu Rofs
und darunter zwei viel ältere Arbeiten aus demfelben Material, wohl niederländifchen Urfprungs.

Die Mittelwand enthält faft ausfchliefslich koftbare
Spielereien und Figuren aus monftröfen Perlen
und emaillirtem Golde, ebenfalls reich mit Edelfteinen befetzt. Die gröfste Kropfperle bildet den

---

[1]) Eine faft ganz ähnliche, ebenfalls mit einer Perle als Pendeloque ift abgebildet in Labarte Hift. des arts induftriels.
Paris 1864. Album T. II. P. CXLIII. Nr. 1. 2.

Leib des fogenannten fpanifchen Hofzwergs, Sennor Pepe, der an den Höfen Karls II. von Spanien und Stanislaus Lescinzky's von Polen fein Wefen trieb. Neben ihm auf der andern Seite fitzt ein halbtrunkener Winzerburfche auf goldenem Faffe (von *Ferbecq* aus Frankfurt, abgebildet mit dem Punch bei Landsberg-Gruner als Nr. 23). Auf der andern Seite erblicken wir Fallftaff, das Original des englifchen Punch, einen Geiger auf dem Bratroft mit dem Bratfpiefs ftreichend, einen Tabuletkrämer, eine Taube mit ausgebreiteten Flügeln aus Brillanten, einen Ring im Schnabel mit der Devife: *je vole où l'amour m'appelle*, und eine weibliche Figur, Glaube, Liebe und Hoffnung darftellend. Sonft find noch die Tänzerin, die Satyrn an dem Apfelbaume (von *Valerio* 1724), Simfon, der den Löwen zerreifst, David mit dem Haupte Goliaths, die *Dinglinger*'fche Vafe mit der Kindergruppe und den Böcken, der blinde Bettler mit der grofsen Nafe, und fein Sohn, der ihn führt (von *Gerardet* aus Berlin), das Gegenftück: der fchwedifche Stelzfufs (von *Ferbecq*), die beiden fächfifchen Schweizer in Gala-Uniform mit aufmerkenden Hunden, neben ihnen (von *Ferbecq*) der Neger, welcher auf einer Schale eine einzige Perle, die aber aus fehr vielen einzelnen zufammengewachfenen befteht, trägt, der holländifche Schlittfchuhläufer (von *Ferbecq* aus Frankfurt a. M.) etc. Bemerkenswerthe gröfsere Stücken find in der Mitte eine Jaspisfchale, welche den fabelhaften Vogel Rockh, auf deffen Rücken eine fürftliche Dame fitzt, vorftellen foll, von *Dinglinger* gearbeitet, und etwas höher links

eine wunderbar fchön gearbeitete Karyatide von Rhi-
noceroshorn, eine Schale tragend, auf welcher ein
Drache fitzt, der den Dänifchen Elephanten im
Rachen trägt. Das aus gleichem Material gearbeitete Gegenftück rechts ift ein Trinkhorn in Form
eines Segelfchiffs, freilich etwas überladen. Die
zwei *Dinglinger*'fchen Trinkfchalen mit' emaillirten
Pferden ftellen wahrfcheinlich Lieblingspferde Auguft
des Starken vor. In der Mitte des Tifches fteht
ein grofses Werk von *Köhler*, das zwar in der
Weife der eben befchriebenen kleinern aus Perlen,
Steinen und Emaillen zufammengeftellt, aber in
der Idee fchwach und in der Ausführung überladen ift. Man erblickt ein Schiff im Sturme, aus
welchem vermuthlich der Prophet Jonas geworfen
wird, denn ein Wallfifch ift auch da. Die Ecke
bildet ein aus Perlen gebildeter Berg, an deffen
Fufs ein Schiffer fitzt. Neptun fährt auf einem
Mufchelnachen, von zwei Seepferden gezogen. Die
hier verwendeten Steine find von geringem Werthe,
viele (die fchiefen) gar nur aus Glasflufs.

Unter den links unter Glas liegenden zahlreichen Koftbarkeiten heben fich noch hervor die zwei Medaillons
mit Maria und Johannes, nach Bildern in St. Maria
Novella zu Florenz von Ghirlandajo, zwei Arm-
bänder, auf welchen das Auge und der Arm der
Königin-Mutter von Spanien, Chriftine von Neapel,
auf Elfenbein gemalt find, Gefchenke derfelben an
die zweite Gemahlin des hochf. Prinzen Maximilian von Sachfen, fowie zwei alterthümliche Arm-
bänder aus kleinen Mufchelcameen, je 14 Köpfe
fächfifcher Fürften darftellend, von *Trapani*. Auf

Fig. 8. Drachenpokal. (Eck-Kabinet Nr. 8.)

der rechten Seite dagegen zeichnen wir einen ungarifchen Gürtel aus 21 filbervergoldeten emaillirten, mit Perlen befetzten Gliedern beftehend, und das Kalenderbüchlein Churfürft Johann Georgs III. aus. Letzteres trägt das grofse fächfifche Wappen, auf der andern Seite eine Landfchaft mit Spitzfäule und die churfürftliche Devife: *Surfum deorfum* und die Jahreszahl 1657.

Die dritte Spiegelwand enthält gröfstentheils Figuren und Gruppen aus Elfenbein, jedoch zum Unterfchiede von den im Elfenbeinzimmer aufgeftellten gröfsern, nur kleine, meift mit Emaillen und Gold geziert. Auf den unterften Confolen erblicken wir einen Töpfer (von *Köhler*), deffen kunftvoll aus Gold emaillirte Arbeiten um ihn herumftehen, auf der andern Seite aber die angebliche Barbara Uttmann [1]) von Annaberg, nicht die Erfinderin, wohl aber die Begründerin des fächfifchen Spitzenklöppelns (1562), und zwifchen ihnen als Salz- und Pfefferfäfschen die beiden Hofzwerge Augufts des Starken, aus Krakau, 24 Zoll breit und 26 Zoll hoch, Sulkowski und feine Frau. Sehr nett gearbeitet find hier noch rechts die Masken der italienifchen Comödie, Pantaleone und Pulcinella, und rechts ein Schalmeibläfer und ein Sackpfeifer (nach einer Zeichnung A. Dürers kunftvoll von *Köhler*

---

[1]) Angeblich wäre hier ihr einziges Porträt zu fuchen. Daffelbe ift 1869 nach diefer Gruppe in gröfserem Mafsftabe von dem Hiftorienmaler Sachfe hier ausgeführt worden. Diefe Figur, fowie die des Schuhflickers und Schleifers auch bei Landsberg-Gruner Nr. 20—22.

gefchnitzt) Nr. 290 und 291. Weiter oben fteht
links ein Schleifer, deffen Rad fich früher auf-
ziehen liefs, und auf der andern Seite ein Schuhflicker (von *Köhler*), nicht zu verwechfeln mit dem
unter diefem fitzenden Schuhmacher, einer ältern
Arbeit, welche angeblich Hans Sachs oder Jacob
Böhme darftellen foll. In der Mitte befindet fich
eine Schlittenfahrt mit Mohren als Kutfcher und
Bedienten und prächtig angefchirrten Pferden, offenbar einen Maskenzug, zu dem auch noch die be-
waffneten und muficirenden Mohren gehören, darftellend. Die Chiffern S. P. Q. A. auf dem Banner
des Trompeters find offenbar eine Perfiflage des
römifchen *Senatus Populusque Romanus* und follen
unbezweifelt *Senatus Populus Que Africanus* bedeuten. Noch erwähnen wir weiter oben die beiden Fruchthändlerinnen an den Ecken, die eine
mit zwei Affen nebft Korb und Präfentirteller, die
andere mit zwei buckligen Zwergen neben fich, von
denen der eine Früchte von einem dürren Baume
herabfchütteln zu wollen fcheint (von *Gerardet*).

Im Glaskaften unten ftehen noch auf derfelben Seite die
rohern Modelle zu dem Schleifer, Schuhflicker und
Töpfer, intereffant zum Vergleichen, dann aber zeichnen wir hier aus die vortrefflich ausgeführten (Nr. 293,
294, 356 und 357) vier Bettler (von *Krüger*, der
im 17. Jahrhundert von Danzig nach Dresden
überfiedelte) nach Zeichnungen des Murillo, fonft
auch unter dem Namen der Bettler in Callot's
Manier oder als Bettler der Gräfin Königsmark,
der fie gehörten, bezeichnet. Ferner die Gruppe
(Nr. 35) des Aeneas, Anchifes und Ascanius, von

Th. Hevera gefchnitzt, die vier als die Genien der
vier Jahreszeiten bezeichneten Figürchen mit Dia-
mantenfternen auf ihren Häuptern, den bärtigen
italienifchen Edelmann, den auf feinem Faffe herum-
ftampfenden Marktfchreier, den häuslichen Zwift
(Nr. 300), wo die Betreffenden fich gegenfeitig
Atzel und Haube abreifsen, und die Porträtbüften
Augufts II. und III., fowie die fein gearbeitete
Kreuzigung Chrifti in dem Glasballon.

Fig. 9.　Bettler.　(Eck-Kabinet Nr. 293.)

VII.

APPEN-ZIMMER.

Dies Zimmer, das alte Entreezimmer des Grünen
Gewölbes von der obern Etage aus, heifst das
Holzzimmer, weil in demfelben verfchiedene aus
Holz gefchnitzte Kunftwerke aufbewahrt werden,
oder auch das Wappenzimmer nach den in vergoldeter Treibarbeit aus Meffingblech an den das-
felbe ringsum einfchliefsenden Schränken angebrachten Wappenfchildern. Siebzehn derfelben find mit
je zwei Wappen geziert, der erfte mit dem Polnifch-
Litthauifchen, die übrigen mit fächfifchen und polnifchen Provinzialwappen. Diefelben dienen meift
dazu, die zum Einpacken des Grünen Gewölbes
in Kriegszeiten erforderlichen Etuis etc. zu be-
wahren oder auch zurückgefetzte Gegenftände und
eine kleine Sammlung nicht eben bedeutender,
von I. K. H. der Prinzeffin Louife, zweiten Gemahlin des hochf. Prinzen Maximilian, dem Grünen

Gewölbe vermachten Elfenbeingegenſtände aufzu-
nehmen, nur in einem (links vom Crucifix) befindet
ſich etwas Anderes, nämlich die ſogenannten Pol-
niſchen Krönungsinſignien. Hier erblickt man alſo
die beiden Kronen, womit König Auguſt III. und
feine Gemahlin Maria Joſepha im Jahre 1734 zu
Krakau gekrönt wurden, nebſt den dazu gehörigen
zwei Reichsäpfeln und zwei Sceptern, der Krönungs-
mantel und Thronhimmel (nach Andern der Tep-
pich), welchen die Königin mit eigner Hand ge-
ſlickt haben ſoll (mit ihrer Chiffre M. J. R. [regina]).
Die jetzt darin befindlichen Steine ſind jedoch nur
Glasfluſs, denn da bekanntlich die echten polni-
ſchen ·Kleinodien ſich noch im Beſitze der Gegen-
parthei und in den Händen des Kronſchatzmeiſters
Tobianski befanden, ſo lieſs Auguſt der Starke die
jetzt hier befindlichen Krönungsinſignien durch
den Hofjuwelier *Johann Heinrich Köhler* fertigen
und mit den echten Steinen des ſächſiſchen Kron-
ſchatzes ſchmücken [1]. Nach der Rückkehr aus Polen
wurden ſie jedoch wieder herausgenommen und
in den Familienſchatz zurückgelegt und durch
Nachahmungen zum Gebrauch dieſer Inſignien bei
Exequien erſetzt. Man wird alſo den groſsen Sa-
phir, der den Knopf in der Krone bildete, in
einer Hutagraffe, den groſsen böhmiſchen Granat
in einem Goldnen Vliefsorden, die drei groſsen
Smaragdglocken, welche den Scepter zierten, ſowie

---

[1] Das Inventar ſagt nicht, ob Auguſt der Starke mit denſelben
am 15. Septbr. 1697 zu Krakau gekrönt worden iſt.

die grofsen Brillanten, Rubine etc. in den Garnituren und die echten Perlen in den zwei Halsbändern des Juwelenzimmers wiederfinden [1]).

Gegenüber ſtehen an der Wand ſechs Figuren aus Holz, davon ſtellen die vier oberſten vier Genrefiguren, Buttenträger, die unterſten aber den K. Poln. Hof-Accis-Rath Weidemann in der Hand einen Zettel haltend, mit der Inſchrift: *Cathalogus neuer Bücher von der Frankf. u. Leipz. Oſtermeſſe A.* 1728, und die andere den Hoftaſchenſpieler und Hofnarren Joſeph Fröhlich als Caricatur mit einem Eulenkopf vor.

An der Seite des obigen Schrankes ſteht ein coloſſales Kreuz aus arabiſchem (oder ſicilianiſchem) Marmor, ohne Crucifix, mit einer Schlange und andern Verzierungen aus Bronce, auf einem Felſen von Bergkryſtalldruſen, welches Auguſt der Starke vom Papſte zum Geſchenk erhalten hatte. Dieſes Kreuz ſtand früher im Pretioſenſaale.

Unter den an den Fenſtern aufgeſtellten Gegenſtänden bezeichnen wir links folgende plaſtiſche Holzwerke als bemerkenswerth: ein Bild von Birnbaumholz von dem unbekannten Meiſter F. H. 1529, ziemlich flach, aber ſcharf geſchnitten, die Auferſtehung Chriſti (25 Z. breit, 20 Z. hoch), wie ein Täfelchen über dem auf dem Bilde dargeſtellten Felſengewölbe beſagt, dem Herzog Heinrich von

---

[1] Noch im Jahre 1823 war in dieſem Saale gar nichts weiter aufgeſtellt und der Eingang ins Juwelenzimmer maskirt.

Sachfen (Heinrich dem Frommen 1473 — 1541)
gewidmet, ein Bild des Meifters F. D., die Kreuzigung Chrifti, in Birnbaumholz vom Jahre 1528,
ein drittes mit dem Monogramm W. R. 1817 foll
die Rechtfertigung verfinnlichen und war früher
wie die beiden übrigen bunt bemalt. Ein kleineres
Bild, die Kreuzabnahme, mit dem Monogramm
J. G. L. ift fchwächer. Eine ausgezeichnete Arbeit,
nur in der Gewandung manierirt, ift in der Mitte
der h. Michael, welcher den Drachen bekämpft
(1 E. hoch), nach der Anficht Einiger nach einem
Raphael'fchen Bilde [1]) in der Parifer Gemäldefamm-
lung, nach der Anderer aber nach einem andern des Michel Angelo in der Dominicanerkirche
zu Rom. Die beiden beften Arbeiten find aber
die fehr vertieft gefchnittenen Reitergefechte (6 Z.
lang, 4 Z. breit) des berühmten A. Colin von
Mecheln (1526—1612), dem man das Grabmahl
Kaifer Maximilians zu Innsbruck verdankt, und
oben die beiden faft gleichen Darftellungen des
gefeffelten Heilands aus Nufsbaum im Style Albr.
Dürers. Links hängen drei ruffifche Schnitzwerke
aus Cedernholz, ein Diptychon, Triptychon und der
Flügel eines Triptychon, von denen letzterer aus
dem 17. Jahrhundert ftammt, die andern beiden viel
beffer gefchnittenen aber neuer und wohl Arbeiten
aus dem Sergeiklofter bei Moskau oder aus einem
Klofter des Berges Athos fein mögen, deffen Mönche

---

[1]) Abgeb. bei Réveil, mufée de peint. T. I. Nr. 1. S. Waa-
gen, in Raumers hift. Tafchenb. 1859. S. 301.

in diefen Leiftungen einen grofsen Ruf haben. Selbft-
verftändlich behandeln fie neuteftamentliche Sujets.
Auf der Tafel unten ftehen verfchiedene Becher aus
Cocosnufs, auf denen biblifche Gefchichten eingefchnitten find, darunter ein fehr fchöner St. Stepha-
nus. Ganz vorn auf dem Tifche befindet fich eine
Vafe aus Brotteig, von Fräulein E. Meier in Berlin
gefertigt 1855 (6¹/₂ Z. hoch, 9 Z. Durchm.).
Auf der andern Seite hängt in der Mitte ein fchönes
Reliefbild in Alabafter (20 Z. hoch, 18 Z. breit),
das Gloria in excelfis vorftellend, von Seb. Wal-
ther um 1640 gefertigt, darunter ein fehr altes
Bild in Sandftein, Maria mit dem Chriftuskinde
unter den Hirten, fowie mehrere Platten aus grauem
Speckftein (Kehlheimer Stein), Caricaturen, von
denen die ältefte, der Zahnbrecher, mit C. V. B.
und B. B. R. J. V. bezeichnet fcheint. Auf der
Seite hängen zwei Bilder aus Wachs, vortrefflich
perfpectivifch ausgeführt von *Daniel Neuberger* aus
Nürnberg (um 1600 zu Augsburg geb., † 1660 zu
Wien), angeblich die Türkenfchlacht vor Wien und
die Schlacht von Prag zwifchen Preufsen und Oeft-
reichern darftellend, was, wenn fie wie das Monogramm befagt, wirklich von diefem Wachsboffirer
herrühren, der Zeit nach unmöglich wäre.

Im Glaskaften liegen kleine Holzfpielereien und Ge-
duldarbeiten, z. B. die Darftellung des Alten und
Neuen Teftamentes in einer Kugel von der Gröfse
einer Wallnufs, wahrfcheinlich von dem Calabrefen
Hieronymus Faba im Anfange des 16. Jahrhunderts, dann ein Kirfchkern, auf welchem angeblich
80 Köpfe eingefchnitten find, von *Leo Pronner*

(aus Thalhaufen in Kärnthen 1550, Bildfchnitzer
zu Nürnberg † 1630), ein Pfirfichkern von *Pro-
perzia Roffi* aus Modena, Bildfchnitzerin zu Bologna
(† 1530), worauf eine Anzahl lachender Geûchter
in demfelben Genre, und eine neuere Arbeit eines
fächûfchen Künûlers (*Otto Vitzthum von Eckûädt*,
Oberl. v. d. A.) vom Jahre 1853, ein Paar Piûo-
len mit Zubehör en miniature.

Vortreffliche Arbeiten, vielleicht von *Dürer* felbû,
ûcher aber von einem feiner beûen Schüler, ûnd
die fechs kleinen Medaillons, welche die Gefchichte
des erûen Menfchenpaares darûellen, nämlich a. die
Schöpfung Adams und Eva's, b. das Paradies,
c. den Baum der Erkenntnifs, d. den Sündenfall,
e. die Vertreibung aus dem Paradiefe und f. das
Arbeiten nach der Vertreibung. Aeufserû feine
Arbeit zeigt das griechifche Kreuz, auf der einen
Seite Maria, auf der andern den Gekreuzigten
darûellend, angeblich Kloûerarbeit aus Kieff. Die
fchön gefchnitzten Löffel mit Vorûellungen aus
der heil. Schrift ûnd aus dem Jahre 1668, alfo
nicht Exemplare jener nach dem Schmaufe bei
dem berühmten Zeithayner Luûlager angeblich in
die Elbe geworfenen Offizierslöffel, wie ûch das
Volk erzählt. Eine mühfelige Arbeit iû der in
Buchsbaum gefchnittene an Churfürû Joh. Georg II.
1665 gerichtete verûficirte (Bettel)Brief des Zittauer
Bildhauer Tobias Vopel, und endlich charakteriûrt
die in Berchtesgaden S. M. dem höchûfel. König
Friedrich Auguû überreichte Tabakspfeife mit
Jagd- und ländlichen Scenen die heutige Holz-
fculptur Baierns.

VIII.

UWELEN - ZIMMER.

Das letzte Zimmer des Grünen Gewölbes, das fogenannte Juwelenzimmer, ift in feiner äufsern De-
coration allein fchon das am Reichften gefchmückte
und macht auf Jeden, der daffelbe vom Wappenzimmer aus betritt, einen wahrhaft impofanten
Eindruck. Die·hier aufbewahrten Gegenflände zerfallen in zwei Kategorien, nämlich in die zum
Tragen beflimmt gewefenen Koflbarkeiten und in
ornamentale, mit edlem Metall und koflbaren
Steinen gezierte Zimmerzierrathen.

Die Hauptkoflbarkeiten liegen in dem in 6 Fächer
getheilten Glasfchrank rechts vom Eingange ins
Wappenzimmer. In der erften Abtheilung diefes
Schrankes befindet fich der fogenannte Rauten-
fchmuck. Ganz oben in zwei Reihen gewahrt man
7 Exemplare des fpanifch-öflerreichifchen Goldnen
Vliefsordens, nämlich Onyxe, ungarifche Opale,

ceylonifche Katzenaugen, brafilianifche und orientalifche Topafe, böhmifche Granaten (darunter der
gröfste bekannte 46³/₄ Karat) und ceylonifche Hya-
cinthen, fämmtlich mit Diamanten zufammengefafst.
Dann folgen die Krondiamanten des fächfifchen
Königshaufes, fämmtlich echt oftindifche Steine,
kein einziger Brafilianer. Die Diamant-Rauten- (oder
Rofen-) Garnitur befteht aus 30 Stück Weftenknöpfen (die gröfste Rofe 23 Grän), 30 Rockknöpfen (die gröfste Rofe 50 Grän), vier Schuh-
und Kniefchnallen, einer Agraffe mit einem Mittelftein von 97¹/₂ Grän, einem Achfelband oder
Epaulette, deffen Mittelftein 66¹/₂ Grän wiegt, und
einem Degen, in deffen Griff und Scheide 780
Rauten, deren gröfste 32¹/₂ Grän wiegt, eingefetzt
find, und dem polnifchen Orden des weifsen Adlers
und Stanislausordenftern.

Die zweite Abtheilung enthält die Brillantgarnitur
und befteht aus folgenden einzelnen Gegenftänden:
30 Stück Weftenknöpfen (davon der gröfste 21¹/₄
Grän), 30 Stück Rockknöpfen (der gröfste 42³/₄
Grän), einem Achfelbande oder Epaulette, in welchem fich die zwei gröfsten Brillanten der ganzen
Schatzkammer befinden, nämlich von 194¹/₂ Grän
(alfo beinahe 50 Karat[1]) und 154¹/₄ Grän, der
Stern des Stanislausordens, deffen gröfster Stein
78³/₄ Grän wiegt, einem Degen mit 1898 einzelnen Brillanten (der gröfste von ·37¹/₂ Grän),

---

[1] Er ward am 1. Febr. 1728 von dem Juwelier Mofes Abra-
ham in Hamburg gekauft.

mehreren Schuh-, Gürtel- und Kniefchnallen, einer
Agraffe mit dem berühmten grünen Brillanten [1])
à jour gefafst, 160 Grän oder 40$^1/_2$ Karat fchwer),
zwei andern Agraffen, davon eine mit Rofabrillan-
ten, und vier prächtigen gelben Brillanten, davon
der gröfste 117$^1/_2$ Grän, der kleinfte 52$^1/_2$ Grän
wiegt etc.

Die dritte Abtheilung zeigt uns den Brillantfchmuck der
Königin. Ganz oben liegen 4 Schnuren (177) fächfifche Perlen aus der voigtländifchen weifsen Elfter [2]),
etwas weniger glänzend als die darüber befindlichen 4 Schnuren echt orientalifcher (236). Dann
folgt die grofse Achfelfchleife aus 662 koftbaren
Steinen zufammengeftellt, darunter der gröfste 87$^1/_4$
Grän wiegt, allein das Hauptftück der ganzen Sammlung ift unftreitig das aus 38 Brillanten beftehende,
zuletzt im Jahre 1824 von dem Hofjuwelier *Plöderll*
neugefafste Halsband, an welchem der mittelfte
Brillant der obern Reihe 91$^1/_4$ Grän, der mittelfte
im Feflon 97$^1/_2$ Grän, der unterfte birnenförmige

---

[1]) Im Jahre 1742 auf der Leipziger Meffe von einem arme-
nifchen Juwelier Delles erkauft. S. Friedrichs d. Gr. Werke
Bd. XII. S. 174.

[2]) Vielleicht mexicanischen Urfprungs und erft in die Elster
gefetzt, finden fie fich am Meiften in der Strecke von
Adorf bis Elfterberg. Die Perlfifcherei ward 1621 Regal
und Moritz Schmierler erfter churfürftlicher Perlenfifcher.
Im Jahre 1672 fand man 294 Stück, von da an nahm aber
die Ausbeute ab, fo dafs fie jetzt faft auf ein Minimum
reducirt ift. Nach Baiern wurden fie angeblich von hier
aus verpflanzt. Hinfichtlich des Werthes ftehen fie den
Seeperlen bedeutend nach (f. Kluge, Edelfteink. S. 500).

Stein des Pendeloque 119¹/₂ Grän wiegt. Unmittelbar darüber liegt eine fogenannte espagnolette
(auch brifolette oder regarde-moi genannt), ein Stirn-
fchmuck, ein Tropfen oder Thräne, nach der Be-
hauptung der Kenner einer der fchönften Diamanten der Welt, und andere herrliche Brillanten, theils
zu Haarfchmuck, theils zu Ohrgehängen verwendet.

Unter dem Brillantfchmuck liegen 62 einzelne Ringe,
welche von weitem gefehen in der Form eines
Halsfchmucks arrangirt find. Die obere Reihe
enthält Brillanten von verfchiedenen Farben (nur
keinen fchwarzen), links folgen dann Rubine, rechts
Hyacinthe, in der erften horizontalen Reihe links
ganz unten ein koftbarer africanifcher Carneol, in
der mittlern aber zwei wundervolle Opale, unter
denen namentlich der rofenrothe von höchfter
Seltenheit ift etc. ¹). Aufserdem befinden fich hierbei auch einige hiftorifche Ringe, nämlich in der
horizontalen Reihe rechts der Saphirring, den
Churfürft Johann Friedrich bei feiner Gefangen-
nehmung in der Schlacht bei Mühlberg 1547 dem
Ritter Thilo von Trotha fchenkte ²), und zwei
Ringe, die Dr. Martin Luther gehört haben (rechts
in der kleinen horizontalen Reihe). Der kleine
Carneolring nämlich mit einer darauf gefchnittenen
Rofe, in welcher ein Kreuz, war der Siegelring des

---

¹) Noch feltner find freilich die gelben, von denen Mrs. Hope
    in London ein fehr fchönes Exemplar befitzt.
²) Sein berühmter Türkisring befindet fich zu Weimar. (S. Vul-
    pius, Curiof. Bd. I. S. 559. M. Abb.)

grofsen Reformators [1]), den der Churfürft Johann
Georg I. von dem Stiftsrath J. M. Luther zu Wurzen
gefchenkt bekam, und ein zweiter roth, blau und
weifs emaillirter Ring mit einem fehr kleinen Com-
pafs, auf deffen Deckel ein Todtenköpfchen und
die Umfchrift: *Mori faepe cogita, Ero mors tua o
mors L. d. M.*, war ein Gefchenk des Churfürften
Johann Friedrich an Luther und ift von diefem zum
beftändigen Andenken an denfelben am Finger getragen worden [2]). Nach dem Inventar gehörte der ftarke
goldne Ring mit dem einen Auge auf dem Steine
Luthers Freunde Philipp Melanchthon. Ein Ring
mit einem künftlichen Mechanismus, einem kleinen
beweglichen Kaftell, ift im Jahre 1660 von Churfürft Johann Georg II. hierher gelegt worden.
Merkwürdig find auch die beiden Ringe mit Uhren;
die des gröfsern ift von einem gewiffen *Seiffert*,
die des kleinern von *Fifcher und Söhnen* in Gro-
fsenhain angefertigt worden. Letzterer mit einem
acht Tage gehenden Werke ift vom höchftf. König
Anton getragen worden.

---

[1]) S. Tentzels Cur. Biblioth. Bd. XI. S. 379, und Börner,
Pietas acad. Lipfienfis in Reform. Lutheri memor. exhib.
p. 159.
[2]) S. Tentzel a. a. O. Bd. XI. S. 364. Der Doctor- und Trau-
ring Luthers befindet fich zu Wolfenbüttel. (S. Vulpius,
Curiof. Bd. IV. S. 186. I. S. 559 u. V. S. 179, m. Abb.).
Verfchieden davon ift fein Verlobungsring, der noch 1812 in
einer Privatfamilie in Leipzig war (S. ebd. Bd. II. S. 387
etc. M. Abb.). Zwei unächte Nachbildungen des Luther-
fchen Trau- und Verlobungsringes befinden fich im Kunftmufeum zu Gotha (f. Bube, Befchr. d. Goth. Kunftmuf.
Gotha 1846. S. 34.).

In der vierten Abtheilung deffelben Schrankes liegt
nun die Rubingarnitur, wobei fich wie gewöhnlich
ein goldner Vlies-, ein weifser Adler- und ein
Stanislausorden befindet. Die meiften find fogenannte Balaisrubine, die fchönften Steine aber find
zwei Spinellrubine von 48 und 59¹/₂ Karat-Ge-
wicht, als Ohrgehänge verwendet.

Die fünfte Abtheilung bildet die Smaragdgarnitur,
unter welchen fich fehr grofse und, was bei diefem Edelfteine fehr felten ift, fehr reine Exemplare
finden, z. B. an der Seite der grofse Smaragd im
Stockknopf. Ganz unten liegt auf Wachs der
Ordensftern des 1806 geftifteten K. Sächf. Haus-
ordens der Raute mit der Devife: *Providentiae
memor* in Diamanten.

Die letzte oder fechfte Abtheilung birgt endlich den
Saphirfchmuck in meift alterthümlicher Faffung.
Er enthält einige fehr fchöne Indigo-Saphire, in
einer Agraffe einen grofsen fogenannten Luxfaphir
und unten en cabochon gefchnitten zwei grofse
ganz dunkel kornblumblaue Saphire, beide Gefchenke Peters des Grofsen, von denen übrigens
der unterfte, zu einer Broche beftimmte, in der
Gefchichte der koftbaren Steine den wunderlichen
Beinamen, die Nafe Peters d. Gr., führt. Oben quer-
über liegt der ebenfalls mit koftbaren Steinen befetzte
fchöne Polnifche Hofmarfchallsftab.

Links am vierten Fenfter hängt ein koftbarer in Form
einer Krone gefafster Onyxfchmuck. Derfelbe wird
hauptfächlich gebildet aus der bisher bekannten gröfsten orientalifchen Onyxplatte von ganz regelmäfsiger
Formation der drei verfchiedenfarbigen Lagen des

Steins (dunkelbraun, milchbläulich, kirfchbraun) in concentrifch-ovaler Geftalt, früher 48000 Thlr. ge-fchätzt und von Auguft dem Starken acquirirt; da-rüber befinden fich drei Platten von mittlerer und eine von geringerer Gröfse. Am erften Fenfter hängt eine zweite Onyxplatte, gröfser als erftere, doch von weniger fchönen Farben, aber die obere Sardonyxplatte mit dem darauf gefchnittenen Ur-theil Salomo's ift ebenfalls ein Cabinetsftück.

Auf derfelben Seite im Winkel erblickt man von einem Neger auf einer Schildplattfchale getragen eine fehr grofse Drufe oder Stufe fogenannter Peruani-fcher [1]) Smaragde, d. h. eine Anzahl gröfserer (bis zu 1$\frac{1}{2}$ Z. breiter) und kleinerer Smaragde in ihrer fogenannten Mutter noch feft eingewachfen. Diefes Stück ward unter Kaifer Karl V. gefunden und kam mit einer andern doppelt fo grofsen Drufe (die jetzt noch in dem K. Mineraliencabinet in Wien gezeigt wird) nach Wien, von wo es 1581 als Ge-fchenk von Kaifer Rudolph II. hierher gelangte.

Auf der andern Seite des Saales befindet fich ein dem oben befchriebenen ganz ähnlicher Juwelen-fchrank mit fünf Abtheilungen. Die erfte im

---

[1]) Dies ift eigentlich falfch, denn in ganz Peru giebt es jetzt kein einziges Bergwerk, wo man Smaragde findet. Der einzige Ort in ganz Südamerika, wo fie vorkommen, ift das Bergwerk Mufo, 13 deutfche Meilen von Bogota in Neu-Granada. Allerdings foll man fonft in Peru im Thale Manta bei Porto Viejo Smaragde gefunden haben, wenigftens foll dort ein Smaragdwunderftein von der Gröfse eines Straufseneies von den Einwohnern angebetet worden fein.

Winkel am Fenſter enthält eine Schmuckgarni-
tur aus mit Diamanten beſetztem Schildkrot, in
welches Goldfäden gleich einer Art Damascirung
eingelegt ſind (Alla Gemina oder Lavoro all'Azi-
mina genannt), eine Arbeit der Juweliere *Peter
Triquet* und *Köhler*, und jetzt wieder in Italien
Mode und Luxusartikel. In der daneben befindlichen erblicken wir den Jagdſchmuck Auguſts II.,
aus Carneolen, Gold und Brillanten zuſammengeſetzt
und offenbar wieder für Polniſches Coſtüm be-
ſtimmt. Die dritte Abtheilung bietet die zu einer
vollſtändigen Topasgarnitur gehörigen Knöpfe aus
Wein- oder Goldtopaſen und aus Rauchtopaſen,
ſämmtlich aus Sachſen, theils vom Schneckenſtein,
theils vom Auerbacher Topasfelſen im Voigtlande.
Sonſt enthält dieſelbe Abtheilung noch den Cordon
und die Sterne des franzöſiſchen Ordens vom heil.
Geiſte und St. Michael mit der Deviſe: *Duce et
anſpice* geſtiftet 1578 von Heinrich III. und 1830
erloſchen; unſer Exemplar hatte Karl X. S. M.
dem König Anton verliehen. Unten liegen die
beiden Medaillons (ohne die Kette) des engliſchen
Hoſenbandordens mit St. Georg, dem Schutzpatron
Englands, und der bekannten Umſchrift: *Honni ſoit
qui mal y penſe*, und der rothen und weiſsen Roſe
von York und Lancaſter, 1349 von Eduard III.
geſtiftet. Unſer Exemplar iſt wahrſcheinlich das
von Karl II. unſerm Churfürſten Johann Georg II.
im Jahre 1669 verliehene[1]).

---

[1]) Abbildung des vollſtändigen Ordens nach dem Exemplare
  Königs Friedrich II. von Dänemark in C. Anderſen, Roſen-
  borg. Copenhagen 1868. p. 213.

In der nächften Abtheilung zeichnet fich die Kette des von Peter dem Grofsen 1688 geftifteten Ordens des h. Andreas mit der Devife: *Pro Fide et Fide-litate* aus. Die gröfsere denfelben umfchliefsende Ordenskette ift der von König Auguft III. zu Hubertusburg im Jahre 1736 geftiftete Militärorden, der St. Heinrichsorden, mit dem Bilde Kaifer Heinrichs II. und der Devife: *Pro Pietate et Virtute bellica*, erneuert von König Friedrich Auguft I. und der Devife: *Pro virtute in bello*. Der an unferem Exemplare ausnahmsweife angebrachte polnifche Adler gehört jedoch nicht zum eigentlichen Orden. Das in Onyx gefchnittene Bruftbild König Augufts II. gehört zu der goldnen venetianifchen Schlangenkette Nr. 22.

Die letzte Abtheilung enthält eine grofse Anzahl fogenannter Gnaden- oder Ehrenketten [1]) mit den dazu gehörigen Kleinodien (fogenannten Faveurs, oder pendants oder enfeignes [2]), theils von Fürften einander als Erinnerung an Familienereigniffe gefpendet, theils kaiferliche Gnadenzeichen, theils Symbole gewiffer zu moralifchen oder wiffenfchaftlichen Zwecken zufammengetretener Ordensgefell-

---

[1]) Mehrere derfelben rühren von dem Hofjuwelier Hieronymus Kraufe aus Augsburg her. Im Kgl. Hauptftaats-Archiv werden ausdrücklich Kleinodien mit den Infchriften Pax und Juftitia als von ihm erkauft erwähnt.

[2]) Eine Anzahl ähnlicher Gehänge find abgebildet bei Labarte, Hift. d. arts induftriels. Album T. I. P. 1. LXVIII. und LXIX., und bei Hefner, Geräthfch. Bd. II. T. 15. 25. 37. Bd. III. T. 18.

fchaften (des 16. u. 17. Jahrhunderts). Wir zeichnen
darunter aus die Gedächtnifskette zur Vermählung
(1548) des Churfürſten Auguſt mit Anna von Dänemark, aus lauter verfchlungenen Händen, welche ein
emaillirtes Herz mit dem Monogramm C. S. halten
(Nr. 19, hängt jetzt am Fenſter über dem grofsen
Onyx), beſtehend; das dazu gehörige Medaillon zeigt
zwei römifche A von Tafelſteinen in emaillirten
Blumen und Früchten und iſt von eben folchen Genien
und Arabesken umgeben. Aehnlich iſt (Nr. 26) die
Ehrenkette zur Vermählung Churfürſt Chriſtian I.
mit Sophie von Brandenburg (1582), abwechfelnd
aus verfchlungenen Händen und Wappen von Sachfen und Brandenburg beſtehend, das dazu gehörige
Schauſtück von Gold trägt das Bild der Fürſtin
mit der Umfchrift: Von Gottes Gnaden F. Sophie,
Geb. Markgr. v. Br. Koſtbar find noch die Ver-
mählungskette des Churfürſten Johann Georg I. mit
Elifabeth Sibylla, der Tochter Friedrichs von Wür-
temberg (1640), mit der Umfchrift: J. G. und
E. S., und die beiden Decorationen des Churfürſten Johann Georg II. und feiner Gemahlin
Magdalena Sibylla, Tochter Chriſtians von Bran-
denburg-Culmbach (1658), mit ihren Namenchiffern
in Brillanten (und an dem einen Stücke das Porträt der Fürſtin en miniature und dem Branden-
burgifchen Adler). Nr. 10, 15 und 14, nur mit
verfchiedenen Infchriften *(Ecce quam bonum et
quam jucundum habitare fratres in unum — Pru-
dens et ſimplex — Chriſtus nos redemit ab exe-
cratione legis Gal. 3)*, find. diefelben Decorationen
eines und deffelben Ordens, nämlich die Decora-

tionen des Vereins der brüderlichen Liebe und Freundfchaft, geftiftet von dem Adminiftrator des Churhaufes (1592) Sachfen, Herzog Friedrich Wilhelm von Sachfen-Altenburg, für die minderjährigen Söhne des Churfürften Chriftian I. Er zeigt

Fig. 19. Sirenen-Agraffe. (Juwelen-Zimmer. Nr. 16.)

die Figuren des Friedens und der Gerechtigkeit, die fich auf einem Felfen umarmen. Nr. 24 ift wahrfcheinlich ein auf die Rettung des Churprinzen Johann Georg I. aus Todesgefahr bei einer

Elbfahrt (23. Juli 1602) bezügliches Erinnerungs-
ſtück. Das koſtbarſte Stück der ganzen Sammlung
iſt aber Nr. 9, das Urtheil des Paris, eine Arbeit
des groſsen *Benvenuto Cellini* (geb. 1500, † 1572),
ein gleichzeitiges Geſchenk aus Florenz (abgeb.
nebſt einem zweiten eine Seejungfrau darſt. bei Landsberg-Gruner Nr. 27.) Sehr nahe kommt als Kunſtwerk demſelben Nr. 15, ohne Zweifel eine Arbeit
des Zeitgenoſſen und Nebenbuhlers des ebengenann-
ten Hofkünſtlers Franz I., des Römiſchen Juweliers
Caradoſſo's, des noch nicht erreichten Emailleurs.

Im nächſten Schranke der Hinterwand erblickt man
zuerſt eine Anzahl mit koſtbaren Steinen beſetzter
Spazierſtöcke, darunter drei (Nr. 44. 47. 46) von
ſogenanntem Schlangenholz aus Ceylon, und einen
aus angeblichem Einhorn (vielmehr aus gegoſſenem
Schildkrot), dann den ſogenannten Berghäuer- oder
Bergmannſchmuck, welchen der Churfürſt Johann
Georg II. im Jahre 1676 vom Juwelier Klemm
verfertigen liefs und bei einem Beſuche ſeiner Ver-
wandten, bei welchem verſchiedene Hoffeſte ſtatt-
fanden, hier und in Torgau ſelbſt anlegte. Bei
Anfertigung deſſelben ſind nur ſächſiſche Berg-
producte zu den betreffenden Verzierungen verwendet und die emaillirten Medaillons auf der Parthe,
auf dem Säbel etc. zeigen theils bibliſch-geſchicht-
liche, theils auf den Bergbau bezügliche Scenen
mit den dazu gehörigen Inſchriften. Dann folgt
eine Auswahl koſtbarer, reich mit Edelſtein verzier-
ter, meiſt türkiſcher und ungariſcher etc. Waffen,
welche zum gröſsten Theile Beuteſtücke aus dem
Entſatze von Wien vom Jahre 1683 ſind. Wir

zeichnen darunter aus die beiden türkifchen Com-
mandoftäbe, von denen der eine, der des Grofsvezirs
Kara Muftapha, befonders koftbar aus Achat und
Chalcedon zufammengefetzt und mit Türkifen verziert ift, der andere aus gefärbtem Holze mit einem
fpitzen Kopfe aus Serpentin, darin ein weifser
Stein mit einem gelben Auge (ein oculus bellicus),
dem Tartarchan gehörte und 1656 erkauft ward,
einen japanifchen Säbel mit einer fehr langen
Klinge aus dem berühmten harten Stahl, einen
mit Pfeilgift vergifteten malaifchen Kris [1]) mit gol-
dener Scheide, einen andern mit durchbrochener
Stahlklinge, worin noch jetzt zwei kleine Giftkugeln
zu fehen find, den an Griff und Scheide mit koftbaren Saphiren befetzten Säbel Sultan Muham-
meds IV., der auf der Klinge eine in Gold ein-
geätzte arabifche Infchrift trägt [2]), und endlich
eine polnifche Karavelle mit einem mit kleinen
Rubinen verzierten Griff aus Jade, welcher nach
der Tradition einft der Säbel des berühmten Polen-
königs Johann Sobieski, fpäter von Auguft dem
Starken, als er feinen Sohn, den nachherigen
König Auguft III., zum Ritter des weifsen Adlers
fchlug, benutzt, gewefen fein foll, fowie einige
andere koftbare Dolche [3]).

---

[1]) S. darüber Ausland 1868, Nr. 44.

[2]) Genau befchrieben von Schier, die arabifchen Infchriften d.
K. Gem.-Samml. etc. S. 14 etc.

[3]) Einer von letztern ward 1609 am 13. März für Churfürft
Johann Georg I. nebft einem gleichfalls mit Edelfteinen
befetzten Rappier, Gürtel und Wehrgehänge von Jul. Cäfar
Marfilian aus Mailand für 1600 Mark erkauft.

Im letzten Schranke liegen 16 bei Prunkfeßen von den fächfifchen Churfürßen getragene Parade-fchwerter 1), dem 16. Jahrhundert angehörig und mit koßbaren Steinen an den Griffen verziert. Letztere find meiß italienifche Arbeiten und Meißer-ßücke der Goldfchmiedekunß. Die beiden koß-barßen beßehen aus mit Stahl eingelegtem Golde, eigentlich einer den Circaffiern allein angehörigen Kunß, ganz nach Art der Tulaarbeiten. Die Schwer-ter mit Kryßallgriffen wurden bei Hoftrauern ge-tragen. Die Klingen find meiß Toledaner Arbeit, fie tragen die Namen ihrer Waffenfchmiede, Fran-cisco Ruiz, Andres de Galeja, Federico Picinino etc., zwei aber rühren von Peter Munich in Solingen her. Die zu diefen Schwertern gehörigen Dolche (mifericordes) liegen theils neben ihnen, theils in dem vorigen Schranke. Aufserdem erblickt man hier auch prächtige Sporen, koßbare Wehrgehänge und mehrere fogenannte aumonières oder Degen-halter, reich mit Perlen geßickt oder von Vene-tianifcher Kettenarbeit. In der Mitte liegt das im Jahre 1792 zum letzten Male benutzte 2$\frac{1}{2}$ Ellen lange Churfchwert in einer filbernen vergoldeten Scheide mit fchönen Verzierungen, dem fächfifchen Wappen und der Jahreszahl 1566, alfo aus der Regierungszeit des Churfürßen Auguß.

Wir wenden uns nun zu der zweiten Kategorie der

---

1) Mit dem einen mit Diamant-Dickßeinen und Rubindoublet-ten befetzten fchlug Auguß II. feinen Sohn zum Ritter des goldnen Vliefses.

in diefem Zimmer aufgeftellten Gegenftände und
zwar zu den Cabinetsftücken des Hofjuweliers und
Günftlings Augufts des Starken, Johann Melchior
Dinglinger ¹). Das erfte derfelben befindet fich der
kleinern Onyxplatte gegenüber und ftellt ein ägyp-
tifches Alterthumsmufeum en miniature oder ein
Syftem der ägyptifchen Mythologie nach Dinglingers Idee, alfo fo, wie es nicht war, vor. Alles,
was er in den damals vorhandenen Werken über
ägyptifche Gottheiten und Alterthümer gefunden
hatte, ftellte er hier als ein zufammengehöriges
Ganze dar. Daher erblickt man hier neben Ifis
und Ofiris, Horus, Anubis etc. den Apis, die heiligen Krokodille, den Ibis, Sperber, Sphinxe, Sca-
rabäen, hieroglyphifche und fcheinbar koptifche
Charaktere, die aber zu entziffern einem Aegypto-
logen fchwer fallen würde, und endlich fogar einen

¹) Ueber ihn hat man nur wenige Nachrichten. Er war zu
  Biberach bei Ulm 1665 geboren, hatte in Augsburg und
  Nürnberg, dann aber in Paris unter Aved fich gebildet
  und ward 1702 nach Dresden berufen, wo die Freigebig-
  keit feines Gönners, König Augufts des Starken ihm er-
  laubte, lediglich für die Kunft zu leben und in feinem
  Haufe, dem jetzigen Klepperbeinfchen Haufe auf der
  Frauenftrafse, einen Kreis von gleichgefinnten Freunden
  und Kunftgenoffen zu verfammeln, darunter den Stein-
  fchneider Hübner, die Juweliere Döring und Köhler etc.
  Mit ihm arbeiteten feine Brüder Georg Friedrich und
  Georg Chriftoph. Sein Sohn Johann Melchior, hier 1702
  geboren, ftarb 1767 als Geheimkämmerier, von feinen
  fünf Töchtern war die eine, Sophie Friederike, eine berühmte Miniaturmalerin. Er felbft ftarb im Jahre 1731.
  Nachkommen von ihm leben in Berlin.

dem Lateranifchen nachgebildeten Obelisken. Ueber-
all find Unmaffen koftbarer Steine, freilich nicht
immer von gleich guter Qualität verwendet, darunter zwei ziemlich grofse Türkife, Edelfteine, an
welchen das Grüne Gewölbe fonft nicht reich ift [1]).

Das nächfte gröfsere Cabinetsftück Dinglingers ift ein
Tafelauffatz von vergoldetem Silber, welcher gleichzeitig ein im beften Rococoftyle gearbeitetes Thee-
fervice vorftellt. Eigentlich war es von Auguft
dem Starken bei Dinglinger zu einem Gefchenk
für den Grofsfultan beftellt worden, wie denn der
Entwurf dazu noch heute im Archive des Hof-
marfchallamtes allhier aufbewahrt wird. Die Taffen
beftehen aus emaillirtem Golde und find mit ziemlich curiofen Malereien verziert.

Nun folgt fein berühmteftes Stück, der fogenannte
Hofhalt des Grofsmoguls Aureng-zeyb zu Delhi
(er regierte von 1659—1707) in Oftindien, eine
Arbeit, für welche er 58,485 Thaler erhielt und an
welcher er mit feiner Familie und 14 Gehilfen von
1701—1708, alfo acht Jahre gearbeitet hatte. Es
befteht diefes Werk [2]), welches offenbar auch eine

---

[1]) Ein ziemlich grofser Türkisring liegt im erften Juwelen-
    fchranke, im vierten befindet fich ein Schwertgriff ganz
    mit Türkifen befetzt, und im Pretiofenfaal ein kleines
    Schmuckkäftchen mit kleinen Türkifen.

[2]) Es giebt davon einen Kupferftich, geftochen von Ch. Ph.
    Lindemann (1739) nach der Zeichnung einer gewiffen
    A. M. Wernerin, der ziemlich felten ift, und nach diefem
    ift auch die jetzige Auffftellung der einzelnen Figuren
    gemacht.

Art Tafelauffatz (aber am Ende der Tafel dem
König, dem Niemand gegenüber fitzen durfte, gegenüber zu ftellen) vorftellt, aus einer ohngefähr zwei
Ellen ins Quadrat bildenden grofsen filbernen
Platte, welche die nach orientalifcher Sitte drei-
fach abgetheilten Höfe zeigt und von den Front-
feiten der fie umgebenden Gebäude eingefchloffen
ift. Dinglinger hat, um diefe Arbeit naturgetreu
herftellen zu können, die beften zu feiner Zeit
über Indien bekannten Reifen, namentlich die Tavernier's, ftudirt und daher ift es gekommen, dafs
er bis in die kleinften Einzelnheiten die Wirklich-
keit treu wiedergegeben hat, wenn es ihm auch
.wie bei allen feinen Arbeiten nicht darauf ankam,
zuweilen ganz heterogene Elemente beizumifchen,
z. B. die beiden Hände in den Seitennifchen mit
Hieroglyphen, von denen die eine die in Rom in
der alten Kapelle zu St. Gregorio ausgegrabene
und in der Barberinifchen Sammlung aufbewahrte
fogen. Hand des Cecrops (mit der Infchrift: *Cecro-*
pius voti compos votum folvit), die andere aber die
in dem Cultus der Cybele vorkommende Hand des
Atys vorftellt. Ebenfowenig pafst hierher das von
einem Nabob überreichte Trinkhorn, angeblich
eine Copie des berühmten Copenhagener etc. Der
Grofsmogul fitzt im Hintergrunde in einem prachtvoll gefchmückten Pavillon auf dem berühmten
Pfauenthrone, hinter ihm erblickt man eine Onyxplatte mit einer hellen Sonne und einem Löwen,
feinem Symbol, vor ihm Omrahs und Leibwächter
mit Schildern und Streitkolben, Diener etc. und
im Vordergrunde nahen fich die Grofsen des

Reichs und die kleinern Fürften Indiens, um ihrem
Grofsmogul Gefchenke darzubringen und fich an-
betend am Fufse feines Thrones niederzuwerfen.
Sämmtliche Figuren find aus Gold und prachtvoll
emaillirt, indefs hat Dinglinger bei der Coftümi-
rung fich zuweilen von feiner Phantafie fortreifsen
laffen, denn viele der dargeftellten Perfonen fchei-
nen eher Chinefen als Indier zu fein. Allein bei
dem allen macht diefes Stück einen wahrhaft grofs-
artigen blendenden Eindruck, fo dafs man über
das eigentlich Kleinliche, Puppenftubenartige der
ganzen Conception gern hinwegfieht.

Gegenüber im Winkel fteht eine prächtige, zwei Fufs
hohe, Vafe aus ägyptifchem Jaspis, mit koftbaren
Steinen, Gemmen und Perlen reich gefchmückt. Sie
foll die Arbeiten des Hercules vorftellen, der oben
als Befieger des Nemäifchen Löwen dargeftellt ift,
aber eben fo gut für Simfon gehalten werden
kann. Dafs das Ganze eine Schmeichelei bezüg-
lich auf Augufts II. herkulifche Kraft fein foll,
beweift deffen auf der Vafe befindliches Porträt.

Eine zweite Vafe von Chalcedon, auf welcher Dinglinger den ruhenden Hercules angebracht hat, ift
zwar ebenfalls ausgezeichnet gearbeitet, allein der
Held derfelben ift doch für unfere Begriffe zu
modern gehalten, als dafs fie uns befriedigen
könnte.

Eine andere gröfsere Arbeit Dinglingers ift nun der
fogenannte Obeliscus Auguftalis (3¼ E. hoch),
in welchem er 240 von ihm felbft gefchnittene
Cameen und Intaglien (die gelungenfte darunter

Fig. 11. Onyxvase. (Juwelen-Zimmer [b. Obelisc. Aug.] Nr. 20.)

ift der in rothem Jaspis vertieft gefchnittene 3 Z.
hohe Perikles), unter welchen aber viele Wieder-
holungen vorkommen, angebracht hat. Unten erblickt man das emaillirte Porträt Augufts III., angeblich das ähnlichfte, was man von diefem Fürften
hat und fonderbarer Weife dem Bilde Mozarts
ähnelt. Der Obelisk ruht auf einer ftufenweife
fich erhebenden Platte, bei welcher Ruinen- oder
Landfchaftsmarmor benutzt ift. Die 12 am Fufse
des Monuments befindlichen emaillirt goldnen Figuren follen Befchauer aus allen Weltgegenden,
Perfer, Meder, Syrer, Griechen und Römer darftellen, die vier trefflich gearbeiteten Kriegsleute,
welche man fchlafend auf den Stufen fitzend fieht,
gehörten urfprünglich zu einer Darftellung des hl.
Grabes, welche Dinglinger projectirt hatte. Vortreffliche Arbeiten find die beiden unmittelbar an
den Seiten des Obelisk ftehenden Vafen aus Chalcedon (eine ift abgeb. bei Landsberg-Gruner Nr. 19),
ganz im Style des Benvenuto Cellini, die übrigen
Beiwerke aber find eben fo wenig paffend als das
Ganze überhaupt eigentlich antik gehalten ift.

Rechts am Eingange in das Bronce-Zimmer fteht
nun noch eine Vafe in Form einer antiken Lampe,
das fogenannte Bad der Diana, mit Anfpielung
auf den Aktäonmythus. Sie ift 16 Z. hoch und
5 Z. breit. Die Schale felbft ift aus Chalcedon,
deffen natürliche Färbung am Boden täufchend
das Waffer zum Bade nachahmt. Diana, von allerhand, freilich nicht recht antiken Toilettengegen-
ftänden umgeben, fitzt unter einem Baldachin auf
dem Rande der Schale, leider aber ift die aus

Elfenbein gefchnittene Figur der Göttin verzeich-
net, denn die Beine und Arme find viel zu lang
dargeftellt. Die Schale felbft ruht auf einem emaillirten Hirfchkopfe, der von Hunden zerfleifcht
wird. Am Rande lieft man in diamantnen Buch-
ftaben die Devife: *Difcretion fert, Effronterie perd.*
(Abgebildet bei Landsberg-Gruner Nr. 28.) Die
zwei emaillirten Frauenporträts unter dem vordern
und hintern Rande der Vafe follen angeblich die
Gräfinnen Königsmark und Kofel darftellen.

Noch fehen wir in demfelben Saale in den zwei
Winkeln der hinteren Wandfeite drei feltfam geformte Kunftwerke Dinglingers, welche in Geftalt
der katholifchen Monftranzenhäuschen nach feiner
eignen Angabe den Urfprung, den Ausbruch und
höchften Grad, und die Folge und das Ende der
menfchlichen Fröhlichkeiten verfinnlichen follen.
Die Rückfeiten find mit entfprechenden, freilich
zuweilen feltfamen Emailgemälden verziert. Das
erfte ftellt auf einer Achatplatte fauber in Parifchem
Marmor gefchnittene Vorftellungen vom Opferfefte
des Bacchus und der Ceres dar, das zweite auf
einer 12 Z. langen und 7 Z. hohen Sardonyxplatte
einen erhaben gefchnittenen Triumphzug des Bacchus
auf gleichem Fufsgeftell, umgeben von einer Anzahl Medaillons aus Moosachat und geziert mit
einer fehr grofsen monftröfen Perle, welche dem
mit einem Hute gefchmückten Kopfe eines Bauern
ähnelt, das dritte zeigt uns endlich auf einer run-
den Achatplatte, in erhabener Arbeit aufgefetzt,
Charon, der einen Abgefchiedenen über den Styx
fährt. Diefes Stück ruht auf einem Fufsgeftell von

weifslichem Marmor, welches die Geftalten Pluto's
und der Proferpina einfaffen. Sämmtliche drei
Stücke find in den Details trefflich gearbeitet, in
der Idee auch geiftvoll concipirt, allein die diefelben zierenden Beiwerke find doch oft fo geziert
und überladen, zuweilen auch fo wenig antik gedacht (z. B. bei dem zweiten, welches an Venetianifchen Carneval erinnert), dafs fie doch mehr
als allegorifirende Spielereien, denn als geiftreiche
Kunftwerke erfcheinen, welches fie doch fein müfs-
ten, wenn Dinglinger wirklich der deutfche Benvenuto Cellini im vollften Sinne des Wortes genannt zu werden verdiente, wie man ihn bisweilen
bezeichnet hat. In Bezug auf die Ausführung der
eigentlichen Juwelierarbeiten und die Pracht und
den Farbenglanz feiner Emaillen gebührt ihm diefer Beiname, nicht aber hinfichtlich der Conception, wie Jeder, der die Arbeiten beider Meifter
vergleicht, fehen kann. [1])

---

[1]) S. Porträt befindet fich dem Titel gegenüber im Landsb.-
Grun. Werke.